保険・ＦＰ業界のセールスパーソン必見

誰もがなれるトップセールスへの道

株式会社船井総合研究所
菜原 敏彰 著

新日本保険新聞社

はじめに

　経営コンサルティングを行う中で、業績が伸びる企業とそうでない企業の差はなにか、ずっと考えている。

　その中で、組織の問題と個人の問題を区別して考えている時期があった。組織を正しい方向に導けば、業績は伸びるものだと思っていたが、それは間違いであった。組織とは、個の集まりであり、個が動かしている。

　では、そこで、組織で組み立てるビジネスモデルやマーケティングは、個人でも有効かどうか考え、実証してみると、個人でも有効などころか持っている人が優績者であることも分かった。

　営業について書かれた本は数えきれない程あり、メンタルを重視した本や、ノウハウを重視した本など、多岐に渡る。１００冊ほどは営業本を読んでみて、分かったことはどの本も正しいことを言っているということである。本によっては、著者の体験をベースとして書いてあるものもあり、その個性ゆえに成功したのだと思うような本もあるが、そういう性格やあり方を学ぶにはとても優れていた。

　僕が考える営業力の本質というのは人間力である。物が不足している時代なら安くするか付加価値を付ければ売れる。数さえあたれば売れるというので、１００件アプローチをすれば、契約が10件取れるというような肉体労働的な働き方をしてきた。

しかし、今、この営業の確率が徐々に悪くなっている。それは需要と供給のバランスが逆転し、物は足りて、インターネットを利用すれば必要な情報をいつでも取れる時代では、よほど付加価値のある情報でないと、単なる商品を説明するだけの営業は必要とされなくなる。

これからは、必要なものを、信頼できる人から買うという時代である。例えば、外食をする際に、どの店がいいかを決める際に、口コミサイトの評価を参考に決める人が増えている。これは食事だけではなく、旅行のホテルを取る際や何か商品を買う時、映画を観る時も口コミの評価を参考に決めるという人が僕の周りにも多い。

どうして口コミの評価を参考にするのかと言えば、信頼できるのかどうかを確かめるためである。もっと言えば、知らない物を購入したり、体験したりする際に、失敗したくないという心理がある。得と損、成功と失敗、進化と安定、心では得、成功、進化をしたいと思っても、損をしたくない、失敗はしたくない、という気持ちの方が強いので、物が足りている時代にはますます信頼が重要な時代となる。

人間力というのは企業で言えばブランドである。信頼できるブランドを個人でも作っていくべき時代になる。ただ、人間力を磨くことは当然のこととして、営業で成果を挙げている人が実践している、肉体労働的な営業手法ではなく、継続的に成果が挙がる仕組みをどうつくっていくべきなのかも重要な要素となる。

人間力と仕組力、この二つを身に付けることで、継続的に成果を挙げ続けられるようになる。

本書では、人間力と仕組力を高める方法について、机上論ではなく、即実践できることに絞り込み書いた。

ぜひ、本書に書いたことを一つでも二つでもいいので、実践してみてほしい。実践こそ、成功の源である。

棄原敏彰

もくじ

序章　トップセールスは伝道師

〝売ろう〟ではなく〝伝える〟

世に溢れる保険販売手法、あなたは情報に支配されていないか？

「どうしてあの人はいとも簡単に契約を取ってくるのだろうか」

トップセールスの人ほど、簡単に契約を取ってくる。簡単にというのは、契約までの時間が短いが、そのわりに単品ではなく、しっかりとした総合的な提案で契約を取ってくるということだ。

トップセールスの人に契約が取れるコツを聞くと、「とにかく沢山の人にアプローチする」「話せば契約になるから自分でも理由は説明できない」といったように、人によって言うことが違い、また、真逆の場合もあり、明確な答えが見つからない。

ここで思考が停止すると、「あの人だからできる」とか「あの人は特別だ」という発想になる。

成功する方法というのは無限にあると言ってもいい。似たようなやり方はあるが、全く同じかと言えば、細かい部分はやはりアレンジされている。自分の想いはコピーできないので当然だろう。

営業でどうすればうまくいくのかコツを学ぶ時も、〝この人〟という師匠がいるのなら、その人のやり方だけを愚直に学ぶことはいい。特定の師匠がいるわけではなく、複数の人から学ぶのであれば、手法については参考にする程度がいい。手法ばかり集めても意味がない。理由は、『その人だからできること』と、『その人には合ったやり方』と、『あなたができること』、『あなたに合ったやり方』は同じではないからだ。

手法ばかり学ぼう、盗もうとすると、本当に大切な部分が見えなくなる。幹があり枝葉がある。手法というのは枝葉にあたる。本質を分かった上で手法は身に付けないと自分のものにならない。

トップセールスの人の本質はいくつかあるが、その中の一つは『〝売ろう〟ではなく〝伝える〟』という意識があることだ。

これはトップセールスの人自身も意識してやっている人は少ないかもしれない。無意識でそうなっているという感覚が正しいように思う。自分のことほど自分では気付いていないことがある。

僕がコンサルタントという立場で数百人のトップセールスの人の話を聞いた中で、発見したことの一つが「伝道師」である。

売れる人は商品の説明をしないと言うが、そんなことはない。商品の説明をする前に、考え方や将来性、周辺知識など、相手が関心を示す情報を伝えることに重きを置いているに過ぎない。情報を伝えてニーズが顕在化すれば、条件に合う最適な商品を提供するだけでいい。直接商品の説明をしていないだけで、ちゃんと商品に繋がる情報を提供しているのだが、これを商品の説明をしないと表面的に捉えてマネをすると、世間話だけ何時間もして契約に至らないといった失敗事例ができあがる。

売ろうとしたり、売りたいという意識が前に出過ぎると、商品の説明から入ってしまいがちになる。売れる人は、『相手にとって、何が有益なのか、どの情報なら惹きつけられるか』を考え、それを伝えることに力を注いでいる。最終的に売る商品が同じであっても、伝わり方が全く違う。

伝え方に関しては、取り入れると効果も上がりやすく、生産性も高くなるような方法もあるが、大事なことは、手法ばかりに惑わされないこと。情報が溢れているからこそ、自分自身で情報の取捨選択をしないと情報に支配されることになる。

あなたは必ずできる

世の中には価格競争が起きている商品ばかりだ。同じ商品なら安い所で買おうと、お店や雑誌で商品を見つけてインターネットで一番安く購入する。

　消費者からすれば同じ商品なら安く買えることにこしたことはない。販売側にとっては、価格を他社より安くするか、もしくはメンテナンスなどのサービスを付加するか、あとは、利益率の良い商品とセットにしたり、プレゼントを付けてお得感を演出するなどが代表的な方法である。

　保険という商品はどうか。同じ商品で同じ条件なら、保険料も保障内容も変わらない。Aさんには特別に保険料を1年分半額とか、保障する範囲を特別に増やします、といったことはない。

　商品の見せ方に規制があり、価格を変えられないことをやりにくいと捉える人もいるが、金融業界以外の代理店では、内容や価格での勝負を強いられている業界が多い。販売量が多い人や企業ほど、商品を安く仕入れ、それを販売価格に反映させる。資金力がない人や企業は知恵で勝負をするしかなく、対等な土俵で勝負できるわけではない。そのため、優位なポジションをどう取るか、どう維持するかという戦略が大事になる。

　先行的に取り組んでボリュームを持った人にある種のアドバンテージがある。しかし、保険の場合は、個人へのインセンティブがあっても、販売する商品自体は平等である。どんなに売れている人でも、今日保険の営業を始めた人でも、お客さんに提示する内容や価格は変わらない。

同じ商品を販売しているのに、月に200万円の成績を挙げる人もいれば、20万円も挙がらない人もいる。

あなたが営業で苦戦しているなら、同じ商品を販売して、自分の成績が挙がらないのは何かがおかしいということを自覚しなければならない。

同じ商品を同じマーケットのお客さんに販売して、同期のあの子は契約が取れるのに、自分は取れないことに違和感がなくなるのはまずい。しかし、ほとんどの人は毎月の営業数字を見て自分のポジションに違和感を持たなくなる。

どうして違和感を持たなくなるのかと言えば、あなたと同じような人たちとグループをつくるからである。成績が良い人は良い人でグループができ、そうでない人はそうでない人とグループができる。

これは行動や考え方が違うので、意識していないと、自分と同じような人と一緒にいるようになる。結果として、グループの中にいると違和感がないという状況ができ上がってしまう。

周りの人をみんな大切にすることはいいことだ。どのグループにいてもいいが、トップセールスの人たちといると最初は居心地が良くないと思うかもしれない。それでも自分から避けることはせずに、できれば少し顔を出す程度でも空気に触れてみればいい。

別にあなたがトップセールスの人と比べて劣っているわけではない。能力の差なんて、実際にはほとんどない。経験と環境の差でしかないと思う。あなたよりも先に多くの経験を積んで、別の環境にいる人を意識することで、一段上の考えや行動を意識できるようになる。

そうなれば、今、属しているグループに違和感を覚えるようになるかもしれない。でも、それは方向性に間違いはない。それがギアを変えるタイミングだ。元に戻りたくもなるが、戻ってはいけない。もし戻っても、また同じことが起こってしまう。乗り越えて新しい環境へといく試験のようなものと思えばいい。

できない試練は与えられない。必ずやりきれるが、やるかどうかは自分自身である。

第一章　仕事は楽しめばうまくいく

結果の完全コントロールはできないからこそ

仕事は楽しんだ方が得をする

「仕事は楽しくやった方がいいよ」と言われたことや、聞いたことがある人は多いのではないだろうか。そんな言葉を聞いて、「そんなの分かっているよ」とか「楽しくやれるならやりたいよ」と思っている人も少なくないだろう。私も社会人になった頃、誰かに教えてもらったのか自分で決めたのか忘れたが、「仕事を楽しむ」というテーマで仕事をしてきた。

これまでの社会人となってからの人生を振り返れば、仕事は楽しかったと言い切れる。しかし、事実を言えば、常に楽しいかと聞かれたら、歯を食いしばって仕事をしていた時も多々あった。その時は仕事が楽しいと思う余裕もなかったが、つらいと思うとつらくなるので、そういう時は無理にでも楽しもうと自分を鼓舞しながら仕事をこなしてきたというのが本音である。

思い通りに進んだ時や、お客さんや同僚から褒められた時など、うまくいっている時は仕事が楽しいと思える。しかし逆に悩んだり、孤独だったり、予期しないことが起こったり、うまくいかない時はつらく感じるが、経験が浅い時や、新しいことへ挑戦すれば、最初からうまくいくことの方が少なく、うまくいかないことの方が多いはずである。

私は社会に出てから今までずっと会社員だが、仕事は経営者としてきた。もう５００人以上の経営者と仕事をしてきたと思うが、経営者と関わる仕事を選んだきっかけは、いろんな経営者と仕事をすることによって、成功する人はどういう人なのかが知りたかったからだ。

大学を卒業して就職したのは京都にある信用保証協会という特殊法人だった。信用保証協会というところは中小企業が金融機関から融資を受ける際に債務を保証する機関である。

経営相談課という部署に配属が決まり、日々いろんな業種の経営者と面談して融資が可能かどうか審査する仕事をしていた。

就職した当初、仕事を楽しもうと思っていても、ミスをしたり、叱られたり、お客さんから理不尽なことを言われると、「仕事がつまらない、楽しくない」と友人に愚痴を溢してしまうという時もあった。

しかし、夏ごろになると、『仕事は楽しい』という考えから『仕事は自分で楽しくしよう』と思うようになった。そう思うようになったのは、毎日いろんな経営者と話をしていると、あることに気が付いたからである。

それは、相談に来られる経営者と話をしていると、仕事を楽しそうにやっている人と、つらそうにやっている人とがいるのだが、そのことと財務状況や業績の推移を照らし合わせると、４つのタイプに分類できそうだということだった。

４つのタイプとは、①事業が好調で仕事が楽しそうな人、②事業が好調と言えないが仕事は楽しそうな人、③事業が好調なのに仕事はつらそうな人、④事業が好調とは言えず仕事もつらそうな人―の４タイプである。①と④タイプの人はその通りだが、②と③のタイプに最初は戸惑った。大学を卒業したばかりの僕にはどうすれば経営がうまくいくのか、具体的な方法は分からなかったが、②のタイプの経営者は応援したくなることが多かった。

実際に②のタイプの経営者は、上司にどう説明すれば、数字に表れない経営者の熱意を伝えることができるのか、何度もなんども考えながら資料や稟議書を作成した。時には上司に歯向かってでも訴えたこともあった。

他のタイプの経営者に対しては手を抜いたわけではないが、あと一歩、求められていること以上に力が出せたのは②のタイプだった。

この入社して1年目の夏頃に、応援したいと思う経営者について考えた。応援したいと思うのは①か②のタイプだった。①タイプの経営者は融資の問題もなかったので、細かく事業のことを聞く時間も取れなかったが、成功してほしいと思った。②のタイプは業績を改善させるために、僕にできることはないかと考えさせられた。
③と④のタイプの経営者も悪い人はいなかったが、出てくる言葉が景気や取引先、社員な

どへの不平不満が多く、業績が悪くなくてもいかに苦労しているかアピールしてきた。融資を受けることが目的なわけだから、融資の必要性を伝えるために大変だという言い方をしてきたのかもしれない。

その真意は分からないが、この会社、経営者を応援したいという気持ちにはなれなかった。また、会社員という道を選ばず、自ら会社を経営しているのに楽しくなさそうな表情を見てつらいことだろうなと感じたことを思い出す。

当時は、経営者は自分で決めることができる立場にあり、楽しくないなら、やり方を変えるなり、違うことをやるなり自由に工夫すればいいと思っていた。今では、経営者だけでなく、会社員であっても、どんな立場であっても「人生の責任は自分自身にある」という考えを持つようになった。

４つのタイプは経営者に限らず、どんな立場の人でも同じである。

会社員であっても、仕事が好調で楽しそうな人、好調とは言えないのに楽しそうな人、好調なのにつらそうな人、好調じゃなくつらそうな人がいる。

営業で成果を挙げる人も、好調な時もあれば、そうじゃない時もある。しかし、成果を挙げ続ける人と言うのは、好調であろうとそうでなかろうと、少なくても人前では笑顔で楽しそうにしている。

どんな状況でも、楽しそうにしている人の元には、僕がそうだったように、応援をしてくれる人や手を差し伸べてくれる人が現れるのだろう。難しそうにイライラした表情の人だと近寄り難いような印象を与える。

こういう体験を通じて、僕は仕事は楽しい、楽しいと思えない時は、仕事を楽しくすると決めたのだ。

実際に困難な仕事や、手に負えそうにない仕事を乗り越えることで、成長をすることができる。乗り越えなければ大きな成長はない。

読者の中には、好調な人もいれば不調な人もいるだろう。しかし、今、好調か不調なのかは重要でない。楽しもうと覚悟を決めている人は必ずうまくいく。今が大変なのであれば、それを乗り越えることで大きく成長できる。

「うまくいかないのに楽しめない。うまくいけば楽しめる」という人もいるが、うまくいけば楽しいという順番ではない。楽しむからうまくいくのだ。思ったことが行動になる。楽しくないと思えば楽しくないことを選択してしまう。目の前にある仕事や、今の成績は、いくら悩んでも変わらない。どうせ変わらないなら、楽しんで乗り越えようと思った方が、何より自分が楽である。

仕事を楽しむための方法

仕事が楽しくないと感じる時は、成果が挙がらない時だけでなく、孤立して一人で抱え込んでしまっている時である。

成果が挙がらずに悩む時は、本気で仕事に取り組んでいるか自分自身に投げかけてみることだ。やるべきことは全てやって成果が挙がらないのか、そうではないのかによって、取るべき対策が違ってくる。

全力でやって成果が挙がらない時は悔しくて泣けてくるはずである。悔しくてしかたがないのだが、やってきたことに対する後悔はないはずだ。むしろ、後に振り返ると、充実した時だったと言えることが少なくない。

そうではなく、「あれをしておけば、ここまでしておけば」といったように仕事に対してやり残したことがある場合、悔しいというより、情けない、やるせないという感情がでてくる。

全力を出しても結果が出ない時もある。悔しくてたまらないが、悔しさの中に達成感は感じることができる。

自分の力を出し切れていなければ達成感はない。仕事が楽しくない原因の一つが達成感の無さである。しかし、達成感を得られるか得られないかは、外部の要因以上に自分次第ということになる。

達成感を感じられず落ち込むのが嫌なら、本気で仕事に打ち込んでみるしかない。別に誰かのために本気で打ち込むわけではない。本気で打ち込めば達成感を感じることはできる。

全力を出し切っているのに成果が挙がらないという人は、やり方を変えるべき時にある。全力でやって成果が挙がらないのなら、同じことを繰り返しても成果が挙がることはまずない。

一度やってうまくいかないのなら、やり方を変えなければならない。同じようなやり方で同じような成果しか挙がらないことを繰り返してしまっている人は意外と多くいる。

うまくいかなくても挽回して成果を挙げる人と、いつまでも成果が挙がらず悩んでいる人の違いは、打つ手の早さである。成果を挙げる人も、その過程で細かい失敗はたくさんしている。誰だって初めからうまくいかないし、新しいことへ挑戦すれば失敗もする。

成果を挙げる人は失敗から学ぶ。だから同じ失敗をしない。失敗すれば、原因を考え、新しい仮説を立てて実行する。

成果が挙がらず悩む人の中には、同じような失敗を繰り返す人が多いのだが、その原因は、検証する時間を取っていないからである。プロセスに対して冷静に分析をせずに、結果に対してガッカリし意気消沈してしまう。

結果はやってみないと分からない。やって結果が分かれば、次にどう活かすかを考えるのが仕事である。落ち込んでいる暇なんてない。落ち込む人は優秀な人なので、優秀な人ほど注意しないといけないと言える。どうして優秀な人ほど落ち込むのかと言えば、何でも一発で成果が出るものだと考えがちだからである。

一方、自分のことを未熟だと思っている人は、成果が出なければ、まだそんなレベルだと考え、原因を考え、改善策を考え、再トライを繰り返す。

経験値が増えれば、その経験値が自信となる。ずっと悩んでいても経験値は増えない。成果を挙げる人ほど、改善スピードが早く経験値を多く獲得しているのだ。

やり遂げる覚悟をもつ

仕事を楽しく感じられないもう一つの理由として孤立している時というのがある。一人の力でやれることには限界があり、一緒にやり遂げてくれる人や、応援してくれる人がいると力強いことは間違いない。特に一緒にやり遂げてくれる人や、同じ環境にいて切磋琢磨できる人は頼もしい存在である。

そういう人がいなければ、孤立したように感じたり、孤独を感じたりすることがある。特にうまくいっていない時に、孤立や孤独を感じると、「一体何をやっているんだろう」と虚しさを感じてしまい精神的にもしんどくなってしまう。

仕事に対する明確な使命感を持っていれば、達成へのエネルギーが、孤立や孤独を吹き飛ばしてくれるが、数年働いたぐらいで明確な使命感を持つことは難しい。

仕事をしていれば、「何のために仕事をするのか」という使命について知りたくなる時があるが、無理に見つけようとする必要はない。使命は、見つけようとして見つかるものではないからである。使命は目の前の仕事をこなしていくと辿りつくものだと思う。

ただ、仲間は大切であることは言うまでもないが、馴れ合いや群れあいのために仲間を求めるとうまくいかないようである。

まずは一人でもやり遂げるという覚悟を決めた方がいい。孤立や孤独に負けてしまう人は一人でもやるという覚悟ができていないのだ。覚悟ができていないまま、能力以上の仕事を任されると精神的なストレスが生じる。その時点で孤立して一人で抱え込んでしまうと精神的に負荷がかかってしまい、仕事が楽しいというレベルではなく逃げ出したくなる。

ここでもまじめな人ほど、相談することも苦手で、逃げ出すこともしないので、つらさは増すばかりである。

根本的な解決策は、目の前の仕事をどうやって乗り切るかではない。自分一人でもやる、楽しんでやる、とまず覚悟を決めることである。覚悟が決まれば仲間や応援者もでてくる。私は高校野球の甲子園や高校サッカーの全国大会をテレビで観ているだけで、毎年感動して泣けてくる。

試合に負けたチームは選手たちの涙が止まらない。負けて泣くのは、厳しい練習を仲間とともに毎日のようにやってきたことに対する想いがあるからだと思う。充実した経験があるから涙が出る。私もサッカーをやっていたので同じように泣いた経験が何度かある。炎天下の中、練習している最中は楽しいと思えない。しんどい、つらいと思いながらやっている時の方が多かったように思うが、根本的に好きだという想いがあった。

仲間がいることは素晴らしいことである。一人では乗り切れないようなことも、仲間がいてくれると乗り越えられる。

しかし、そこには馴れ合いも群れ合いもない。一人ひとりがうまくなりたいから練習をしているのだ。だから強いチームは個々が自律している。社会人になっても同じ。孤立や孤独は、使命感に頼らずとも、自分がやるぞと決めることで吹き飛ばす。そうしていれば素敵な仲間にも恵まれる。

周りを気にし過ぎず自律する

覚悟を決める際、仕方なしに覚悟を決める必要はない。どんな仕事に就くのか選ぶ権利は、あなた自身にある。社会に出ると一日の大半は仕事をしていることになる。そんな仕事を自分の意志で決めないなんてもったいない。

今、うまくいっていようがいまいが、覚悟を決める前にやるべきことは自分で仕事を決めること。自分の仕事を決めるのに年齢は関係ない。何歳でも、この仕事が好きかどうか、やりたい仕事の一つなのか、振り返ってみることをオススメする。

若いうちは、何をやりたいか分からないと思う。働いた経験が少ないのだから当たり前である。その際も感性で、自分が好きそうな仕事か、やりがいを感じる仕事か、楽しそうな仕事かは判断ができると思う。

自分で決めた仕事なら、毎日の業務が大変でも、『これを乗り越えることで大きく成長することができる』と思って、こなしていくべきだ。仕事から学ぶことは計り知れない財産になる。

仕事を通じて成長することで、周りの人に役に立つことができる。より多く成長すれば、その分、役に立てることも増えていく。結果として、人生を楽しく豊かにしてくれるのが仕事である。仕事に使命が加わった時《志事》になる。仕事を《志事》にするには熱狂するぐらい仕事を楽しまないといけない。楽しくないと最低限のことしかやれない。やるべきことを終えたら遊びたい、休みたいと思うのが人だ。本当の充実を味わえるような使命に出会えるのはその先にある。

仕事を楽しむには、目先の目標をもつといい。「いくら稼ぐ」でもいいし、「特定のスキルを身に付ける」でもいい。周りから決められる数字に対する予算だけでなく、あなたの人生を考えた際の目標や願望をしっかりと持っていればそれが拠り所になってくれる。

まずは、自分がどうしたいのか、どうなりたいのか、根っこの願望が決まれば、周りを俯瞰的に見ることができるが、ほとんどの人は自分のことより周りの視線が気になって仕方がないものだ。周りからどう見られているだろうか、どう思われるだろうか、周りのことを必要以上に気にし過ぎている。

もちろん周りと上手にやっていくことは大切なことである。しかし、周りの視線ばかり気になって、肝心の自分がどうしたいのかを見失ってしまっては、人生も仕事も主体的な毎日を過ごすことができない。周りの視線を気にしてしまったら、その時間を「どういう仕事がしたいのか、どういう働き方がしたいのか」、自分の考えや想いを見つめ直す時間に充てればいい。何度も自分に問いかけていると、徐々に考え想いが固まってくる。

素晴らしい仲間といる

考えや想いが固まってくれば、同僚や取引先に伝えるといい。周りと付き合うのが苦手な人は、周りも俯瞰的に見ているし、自分自身の考えも持っている人が多い。職人タイプの人が典型的である。ある意味で冷静なのだが、その冷静さゆえ、周りと打ち解けるのが苦手である。

周りを気にし過ぎることはないが、周りとうまくやっていくためには、あなたが何を考え、何を想っているのか、発信しなければ周りには伝わらない。同僚の中にも挨拶をする程度の関係だった人が、たまたま席が横になったり、同じ部署になったりすると、打ち解けて意気投合するなんてことはよくある。人はお互い、分からないものには触れづらいというだけで、お互いのことが分かれば接し方も分かる。ほんの少し、それでも大きな勇気かもしれないが、少しずつでも自己開示をするのもいい。

周りに流されず自分を見つめることも大事だが、仕事を円滑に進めることや、お客さんへの満足度を上げていくためには、仲間との連携がより一層大切になってくる。

どんな仲間を持つかで人生は大きく変わる。そして自分の仲間は自身の思考で決まる。なぜ思考で決まるのかと言えば、思考で言葉や行動が決まるので、出会う仲間も決まってくる。例えば、仕事が好きでたまらず、常に毎日の仕事がどんなに楽しいか話す人と、仕事が嫌でたまらず、いつも毎日の仕事がどんなに面白くないか話すタイプの人とは交わることがない。

考え方が違う人同士が一緒にいると、お互い居心地が悪くなり、離れるようになっているし、同じ思考の人は集まるようになっている。

時には仲が良かった同僚と噛み合わなくなり疎遠になることもある。良いとか悪いということではなく、思考が合わなくなったと捉えるのがいい。一時的な場合もあるし、二度と会わない場合もあるが、それはそのとき考えて分かるものではない。

目指す方向が違ってきた場合や、価値観が違ってくれば、離れていくことになるが、それぞれの人生だから仕方ない。たとえ道が違ったとしても、精一杯やっている仲間同士なら、いつかお互いのやってきたことを称え合える時が来るかもしれない。

価値観や考え方の違いで別々の道を選択するのは仕方がないことだが、そうではなく、人間関係で自滅していく人もいる。それは会社や仲間のことを悪く言う人である。口癖になっている人もいるし、話す話題が見つからず、同僚などの良くない噂話をしてしまう人もいる。

大抵の人は本気で言っているわけではなく軽率なだけである。

本人が目の前にいなくても、あなたが言ったことは回りまわって本人に伝わると思った方がいい。あなたが話す相手は、あなたと同じように周りに話すことが多いので、実際に本人へ伝わることが多い。そのことを聞いた本人は直接あなたに対して、何か言ってくることないかもしれないが、あなたのことを良く思うことはない。悪気なく言ったことでも、言ったという事実だけが伝わるので、あなたは気づかない内に信頼と仲間を失っていく。

世の中のニュースを見ると、おめでたいニュースより悪いニュースの方が多く報道されているし、人はスキャンダルが好きである。そういうこともあってか、会話も人を褒める内容より、悪口や文句のような内容を話す人の方が多い。しかし、優績者や人として魅力がある人は、悪口や文句は言っていない。

会話の話題を聞くと、その人の魅力度合が分かる。悪口や文句を言い合っても、気分がよくなることはない。逆に人のことを褒めたり、労ったり、楽しい話題は、自分も相手も幸せな気分になれる。

人や物事を悪く言うより、良く言う方が誰にとっていいのかと言えば自分にとって得なのである。人生を心から楽しんでいる人で毎日愚痴や文句ばかり言っている人は一人もいない。人生を楽しもうと思うのなら、成功したいと思うなら、誰のことも悪く言わないことだ。

仮に対人関係で納得がいかないことがあったとしても、グッと堪えて周りに不満を言わず、相手の立場に立って自分で考えてみるといい。自分の立場だけではなく、相手の立場に立つと、完全に納得できなくても、「あの人の立場なら仕方ないか」と少しは理解することができる。そうなれば不満を言う必要もなくなる。自分の考えだけではなく、広い視野でものごとを捉える癖を付けると、一つひとつの出来事に一喜一憂することなく、冷静に判断することができるようになる。

仕事をゲームに変える

仕事も人生も楽しみたい、自分らしく生きたい、素晴らしい仲間を持ちたい、と思っても現実は目の前の仕事に追われる毎日かもしれない。そんな中で、仕事というのは自分で楽しくしないといけない。そこには工夫が必要である。何の工夫もすることなく楽しい仕事があれば、雇い主は給与を払って人を雇うはずがない。

私たちだって、楽しいことにはお金を払っている。仕事は使命感をもつこと、工夫することで楽しくなるが、そうでなければ、楽しくないのが仕事である。

使命を持つまでの間、仕事を楽しくするためには「楽しむと覚悟すること」、「目標や願望を持つこと」だと伝えた。

目標や願望を楽しみながら実現するために、仕事を遊びにつくりなおしている人がいる。

優績者は意識してかどうかは分からないが、まるで遊んでいるように目標や願望の達成を自分に課しているように思われる。プレッシャーの中でワクワクすることは難しいが、遊びの中であればワクワクすることができる。では、仕事を遊びに変えるにはどうすればいいか。それには４つのポイントがある。⑴目先の願望をつくること、⑵プロセスを測定すること、⑶ルールを決めること、⑷常に見えるよう可視化すること―の４つである。

最初にすべきことは、目先の願望をつくることである。ゲームでも、いきなり大ボスを倒そうとしても勝ち目がなく、おもしろくないので諦めてしまう。かといって簡単すぎても、面白くなく飽きてしまう。願望は背伸びしてがんばって達成すれば手の届くようなものを設定するのがいい。

例えば、この数字を達成すれば、普段いかないような店で外食をしようとか、買いたい洋服を買おうというようなものでもいい。達成した自分へのご褒美として、ワクワクするものであればいい。

次にすべきことは、結果ではなくプロセスで目標設定をすることである。先にも述べたが、結果は完全にコントロールすることができない。運やタイミングも当然ある。しかし、行動というプロセスに運やタイミングはない。完全に自分の問題である。いくらの契約を取るというのは、お客さんの都合にもよるし、結果が伴わないこともあれば、予想以上の結果が出ることもある。結果で評価するのではなく、行動で評価するのがプロセス評価である。例えば、毎週、違う10人に話をするとか、既に契約をもらっている人20人に情報を提供するなど、一つではなく、複合的な目標設定でもいいだろう。

抽象的だと客観的な評価ができないので、測定ができるように数字で目標設定をする。保険営業パーソンの中には結果ばかりに目を向ける人がいるが、結果を見つめたからといってアイデアは出てこない。行動内容と行動量というプロセスに目を向ければアイデアが出る。結果はプロセスで決まる。だからこそ、プロセスに目を向けてほしい。

3つ目にすべきことは、ルールをつくることである。制限が一切ない自由というのは一見、いいように思うが、自由過ぎると「何をすればいいのか」、「何からすればいいのか」が分からずに、逆に厄介なのである。

例えば、1日かかる仕事を上司から頼まれた場合、上司が今日やってほしいと言えば、今日中に済ますだろうが、3日以内だと言われると、3日かけてやってしまうことがある。

そこで、例えば活動エリアや法人の場合は業種を絞り込んだり、夜20時以降は営業をしないと決めたり、自分にルールを決めるとメリハリが出る。

ルールを設定することで、仕事とプライベートのバランスが取れるようにもなる。遊びもルールがあるから面白い。スポーツでもルールがなければ、すぐに飽きてしまうはずである。

自由だから楽しいのではなく、ルールがあるからこそ楽しいのだ。

願望を決めて、プロセスを数字で測定できる目標を設定し、ルールを決めれば、常に、見える場所にそれを書くなり、貼っておくようにする。せっかく決めたことも目にしなければ忘れてしまう。毎日1回は、結果を確認するようにした方がいい。

僕も手帳に書いて、移動中に見返すようにしている。何だか毎日数字を確認するのは、気が重いと感じるかもしれないが、結果ではなくプロセスの数字を確認するだけなので、やってほしい。

僕もやるべきことができないまま1日が過ぎて、翌日見返してガッカリすることが何度もあったが、全て自分自身の行動の結果なので受け入れるべきだ。

たとえ遊びでもスポーツでも、いつもうまくいくわけではない。失敗するからこそ、成功した時の喜びを感じるのだ。

人の成長も同じで、何でもすぐにできるようにはならない。諦めずに試行錯誤しながら挑戦し続けることで成長することができる。決して諦めてはいけない。そのために〝ワクワクする願望〟と、〝やれば達成できるプロセス目標〟を設定することが大事だ。

第二章　トップセールスの人間力

優績者、その姿勢の根本

営業力の方程式

どんな業界でも営業が得意な人と苦手な人がいる。名実ともに日本一のセールスパーソンになるなら生まれ持った才能も影響するだろうが、トップセールスの仲間入りをするぐらいなら才能は関係ない。

私は営業の経験がないままコンサルティング会社に転職した。入社してから分かったのだが、向こうから仕事の依頼がくるのではなく、自分で営業してクライアントを獲得していかないと稼げない会社だった。

営業経験がなかったからか、自分にはできないとは思わなかった。苦手意識もなく、営業なんて簡単だとさえ思っていた。

しかし、入社して半年の間、いくら営業をしても契約が取れない。その時は、何も考えず、その場、その場で相手に合せて一生懸命話をしていた。つまり、営業のイロハ、ノウハウが全く分かっていなかった。だからいくらやっても上達せず、意気投合した人だけから契約をもらえた。契約になるのは10件に1件ぐらいで、単価も低く生産性は非常に悪かった。

契約が取れずに悩んでいた時、周りにいるトップセールスの人のやり方を分析したり、何十人にも話を聞いたりした。

中には愛嬌がとてもある人や、人の懐に入るのが早く上手な人など、真似ようとしても、難しいなと思う人もいた。そういう人は最初から契約が取れ、契約が取れないことで悩んだ経験が少ない。

しかし、営業がもともと苦手だった人に共通することもある。それはセンスではなく、頭を使って契約を取っているということだ。

話を聞いていると、言い方や、やり方は人によって違っても、考え方は同じだと気付き、28歳の時、営業を科学的に考え、営業力の方程式を作った。この方程式がもとになり、保険営業の方程式もつくり、営業研修でも使っている方程式である。

その方程式が「営業力＝商品力×提案力×人間力」という公式である。重要度は①商品力＜②提案力＜③人間力の順になるという結論に至った。

①商品力とはいかに魅力的な商品を持つかということだけではなく、いかに魅力的に魅せるかということも重要である。

商品をどう魅力的に伝えるかというのが②提案力である。どういう順番で伝えるのが最適なのか、何をどのように伝えると伝わり易いのか、ニーズ喚起と最後の一押しをどうするかシナリオを設計することが基本となる。

戦後の経済成長下の日本では、提案が下手でもそれなりに保険に入ってくれたが、今のように加入率も高く、飽和してくると、商品自体の魅力、魅力的な提案手法だけでは、完璧と言えない。商品も提案の仕方も悪くないのに、契約率がよくないという人は、最後の一つが欠けている。その最後の一つが③人間力である。

誤解のないように言っておくが、契約が取れない人が人間力に欠けているということではない。人として魅力的な人も、相手にその魅力が伝わっていない場合が多いのだ。相手が気づくのを待つだけでは損をしている。営業である以上、商品とその提案の魅せ方だけではなく、自分をどう魅せるかも重要である。

もちろん魅せ方ばかりこだわって、中身がなければ、どのみち見抜かれることになる。しかし、中身を魅力的にして、表情や外見も魅力的にしようという考えだとダメで、これから具体的に伝えるが、表情や外見をまず魅力的にして、併せて中身を魅力的にしていかないといけない。

仕事を志事にする

魅力的な人というのは何か一つ優れたものを持っているわけではなく、いろんな要素が交りあうことで魅力的に見える。その中でも仕事において魅力的な人間になるために大事な基本中の基本が〝仕事を志にする〟ことである。仕事を遊びに変える工夫をするということは書いたが、「何のために働くのか」という目的、大義名分をもつことである。

志といっても、世の中に影響を与えるようなことや、人の人生を変えるような画期的なものを作り出すようなことを最初から考える必要はない。それはゲームを開始したと同時に最後のボスと戦うようなものだ。世の中に影響を与えるんだと思える人ならいいが志と聞いて無理に捻り出そうとしなくていい。

最初から崇高な志を持っている人は極めて一部しかない。無理に崇高な考えを持とうとせず、最初はモテたい、金持ちになりたい、好きなものを悩まず買いたい、という欲＝志でも構わない。人は未完の塊だから、欲がモチベーションになるのは健全である。

一つひとつ経験を積んで欲を満たしていけば、徐々に自分だけじゃなく、友人や仲間といった自分の周り、地域社会や世の中へと欲の方向が変わってくる。最初は自己欲求を満たすことがやりがいであっても、「お客様に喜んで頂く、お客様の人生に貢献する」、顧客を大切にするという考えさえ根っこに持って仕事に取り組んでいればそれでいい。

仕事が作業になってしまっていると仕事に飽きてくる。作業状態が続くと、例えば入社して3年経った頃や、年齢では30歳になる時、35歳になる時といった節目に、今の仕事、職場で働くことが将来良いのだろうかと考えると思う。

仕事が志になっていると、やればやった分だけ経験や能力が身につき、目標を達成していくと、新しい仕事が増えたり、出世したり、仕事が楽しくなってくる。

いずれにしても仕事はしないと生活ができない。海外旅行にだって行けない。どのみち仕事はやらないといけないのだから、目的を持たずにやるのではなく、「何のために仕事をするのか?」何度でも自問自答しながら目の前の仕事を全力で取り組んだ方が「何のため」の答えが固まってくる。

どうしてこれほど仕事を志にすべきかと言うと、志を持ってやっている人からは情熱が滲み出るからだ。保険のように高額商品でありながら、どこで契約しても価格や内容は変わらない商品を購入する際は、提案する商品の内容以上に、この人、この会社なら任せても大丈夫だという「人や会社」の要素が大きい。ノルマがあるから、仕事だからといって営業している人と、お客様のためにと情熱を持って営業をしている人とでは言葉や行動が違ってくる。そして情熱はお客様にも必ず伝わる。

未来設計図

「今が未来に対する人生設計に繋がっている」これは最近気づいた魅力的な人の考え方である。人生は「今」の連続でしかなく、今以外は存在しない。今を意識した瞬間に今は過去になり、先のことをどんなに考えても現実は今にしかない。人は「今」にしか生きることはできない。「今」を意識して生きている人もいれば、何となく時が流れて生きている人もいる。

「今」を意識して生きるということは、今取り掛かっている仕事は何のためにしているのか、何を得るために何をするのか、何をすることが楽しいのか、時間を意識して使うということである。なぜ時間を意識して使うのかと言えば、時間は有限だからである。自分が必ず死ぬということを本当に意識している人は、目の前にある仕事を懸命に楽しもうとする、将来の夢や目標を見据えて今、何をするのか、何がしたいのかを考える。周りから情熱的に見える人は未来への願望、計画を持っている。

過去を記すのは日記だが、未来を記すのは計画である。あれもやりたい、これもやりたい、あそこに行きたい、あれを体験したい、やりたいことが溢れ出ると、今がワクワクした世界に変わる。将来、どういう人生を送りたいか、何がしたいのか、将来について計画を立てているだろうか。人生は十人十色である。どんな人でも今を生きている。たとえ、うまくいかないと悩んでいる人も真剣に悩んでいる。どんな人生が良い人生かは人それぞれだが、どういう人生を生きたいかを明確にすることで、集中することが定まってくる。そうすれば、自分がいる環境が変わってくる。自分らしく生きるために自分自身の未来設計を立てる必要がある。

世間一般には、『未来設計』という言葉よりも、人生の計画は『ライフプラン』という用語が生命保険の業界では多く使われる。しかし、保険でいうライフプランというのは、ほとんどのプランナーが「お金」のことを指している。今の家族構成や収入などを元に将来のキャッシュフロー表を作り、将来必要となる「お金」についてどう対策を立てるのかをライフプランニングと言っている。

しかし、年功序列の世の中ではなくなり、年金もいつからいくらもらえるか不透明の中で、お金のプランを正確に立てるのは難しい。低金利の時代では貯蓄性の商品も魅力が下がり、金融商品を使って資産を増やすにはリスクも取る必要が出てくる。不確定要素が多い中で、ワクワクする未来設計を作成するには、楽しさだけではなく安心要素も必要である。もしも、不測の事態が起きた場合にも、お金で困ることがないようにしておくべきだ。

人の本質は保守であるため、今を捨てて新しいことに挑戦することに躊躇してしまう。年齢を重ねるほど、現状の生活水準を落としたくないと思うようになる。家族がいるとなおさら、家族を守るために挑戦することを諦めてしまうことが多い。

夢があるのに挑戦できない、一歩が踏み込めない理由は、うまくいかなかった場合の不安である。この不安の本質は何かと言えば、「お金」である。うまくいかず、生活ができない、収入がダウンする、働き先がなくなる、といったお金の不安がど真ん中にあるはずである。

そのため、不測の事態に対する備えについては堅実に対策をしておくのだが、その備えだけでは安心は得られない。不測の事態だけでなく、自分らしく生きるための未来設計を実現するためのお金の対策も必要となる。要するに貯める力である。

人生で叶えたい○○のこと

未来設計図というのは、何歳で何をして、何歳でこうなっている、という自分の未来史のようなものだ。未来設計図はあると凄くいいのだが実際に作ってみると簡単ではない。一日自分と向き合ったからといって作れるものではない。日々、何がしたいか、どうしたいか、何歳ぐらいでどうなっていたいか、漠然とでもいいので空想しながらでないと書けない。

だからまずは「人生で叶えたい○○のこと」というのを、できるだけ日々目にする手帳などに書いてみることから始めるのがいい。○○の部分は数だが、以前１００個書くという課題を受けたことがある。１００個ぐらい書けると思ったがやってみると書けない、15個ぐらいでペンが止まる、そこから絞り出して30個、そこからは海外に行きたいと書いた所を国ごとに書き直したり、ほぼ無理やり書いても70個ぐらいしか書けなかった。絞り出すことで自分を見つめ直すこともできるし、本当にやりたいことに気がつくこともあるので１００個書いてみることも良い訓練だと思う。

でも本当に叶えたいと思うことでないと、ワクワクしないので、僕の場合は、叶えたいことリストを毎年付けている。思い付くことだけを書いて、新しく叶えたいことができたら書き足している。基本そのリストに書いていることは、その年に叶えたいことなのだが、その年に叶わず、翌年に持ち越しになるものもあるし、翌年にはリストに入らない一過性のものもある。そのあたりは自由に気楽にやった方が楽しい。

１００個書くという課題をやった時は、時間とお金さえあったら、人生で叶えたいことなんて山ほどあるのにと思っていたが、書いてみるとこんなに書けないものかとショックだった。しかし、考えてみると、普段から夢を考えずにいきなり浮かぶかと言えば浮かぶはずがない。もっと普段から、あれがしたい、あそこに行きたい、あれがほしい、あれを習得したい、と自分の未来を空想して生きる方が人生は楽しいはずだ。自分に興味をもつ、自分への好奇心はいつまでも持ち続けたい。

夢を叶える、実現させるために資産マネジメントをする志事というのがファイナンシャルプランナーという職業だと思っている。

確信的な自己過信

会社員の場合、入社して数年は自分で仕事を生み出すよりも、会社や上司から与えられた仕事をこなすことが多い。仕事ができるようになると、自分の判断で仕事を取る企画力と判断力が求められるようになる。

指示された仕事をこなすよりも、自分で仕事を取ってこなす方が何倍も力が要る。たとえ同じ仕事であっても自分で取る方が力は要るが、この差は責任を直接負っているかどうかの差だと言える。直接責任を負うと「自分ごと」で仕事をすることになる。最後はあなたが責任を取る以外にないからである。当然だが、そういう経験を積めば積むほど力も付く。

仕事は責任を持ってやった方が本来は楽しいが、人は責任を持ちたくないので、責任を分散させようとする。例えば、お客さんに対してメンバー全員でやりますと言ってみたり。しかし、相手は、どんなにチームでやる、一緒にやるとあなたが言ったところで、責任者であるあなたがちゃんとやるのかどうかを見ている。また、言われたメンバーも私が直接受けたわけではないし、最後には受注者が責任を取ってくれると思っている。だから結局は、あなたが全責任を持ってやると最初から覚悟を決めることが一番スムーズに進む。

責任を負うという意識から〝成長する機会だ〟という意識に変わるまでは、『自分ごと』で仕事をする環境に自分自身を追いやる方が成長は早い。

何の問題もない慣れたような仕事であれば、迷うこともないが、経験したことがない仕事であったり、特殊なケースの仕事の場合は、引き受ける際に覚悟しなければいけない。特に未来を売る営業の場合は、契約がゴールではなくスタートとなる。商品を買ってもらうために営業のトークを2～3割は良いように言っていることも多いので、契約後の満足度は気合いを入れないと落ちることもある。

未来を売る営業をする人の中には、お客さんへの提案に責任が持てない、重たいという人も多い。まじめな人ほど悩んだことがあると思う。確かに未来を予言することはできない。しかし、それはあなただけではない。他の誰であっても同じである。誰であっても、この契約が成功するのか、失敗するのかは分からないということは同じなのだ。

私ならできる、と自分に言い聞かせてやり抜ける人と、不安に負けてしまったり、自分の力を過小評価して実力を出せないまま終わってしまう人がいる。

本当に手に負えないような仕事は舞い込んでこない。それは今の仕事の延長線上にそういう仕事がないということ、手に負えない仕事の依頼を受ける人との接点は持ててないということだ。なので、依頼がある仕事に関して言えば、あなたでも別の誰かでも結果の差は知れているのだ。それなのになぜ結果が違ってくるのかと言えば意識の問題だ。

「やれる！」という意識の人と、「やれるかな？」という意識の人とでは当然行動の質が違ってくる。能力の差ではない。行動の質の差である。

自分がポジティブなのかネガティブなのか、それはその時々によっても変わってくる。前向きの時も歓迎、慎重な時も歓迎である。自分を客観的に捉えて仕事との向き合い方を変えればいい。

ただし根底に必要なのは自己過信である。前向きでも慎重でもいいが、「私にはできる」と自分を信じること。たとえ周りからできるわけがない、難しいと言われたとしても、自分自身を信じてあげられるのは自分しかいない。難しくても「私ならできる」と自分の可能性を信じて自己評価は高く保つようにする。自分で自分のことを過少評価する必要はない。高く評価すると目線も上がる。まずは自分を信じる強い心をもつことだ。

自分を信じることは実態がないので不安になるという時は、お客さんのことを考える。お客さんが喜ぶ姿や感動する光景をイメージすると、今やるべきことが見えてくる。不安や期待は実態がない。未来に不安になり過ぎても意味がないし、期待で浮き足立っていてもダメだ。今、できる具体的な行動を取るべきだ。そのために客志向であればいい。

正しい自己過信をするには、強い心、客志向、そして誇りを持つことである。あなたが良い人でも世の中にはいろんな人がいる。中には、理不尽なことを言ってくる人や卑怯なやり方をする人もいるかもしれない。

良い人が必ずしもスムーズにうまくいくとは限らない。良い人であることは大事だが、時に言うべきことは言い、困難でも突き進む強さが必要である。流されやすいのは仕事に対する誇り、プライドがないからである。小さなプライドや変なこだわりは手放していく方がいいが、ここは譲れないというものは大切に持っておくといい。

魅力的で強い人

魅力的な人と強い人とは違う。魅力的で強い人は周りが頼りにするし、何かあると大勢の人が協力してくれる人である。人間には頼られたいという本能がある。あなたでないとダメだと頼られれば嬉しく感じるものだし、実際に実力以上の力を出せる。

しかし、頼られ易い人もいれば、そうでない人もいる。

頼られる人の一つに能力というのがある。あの人にしかできない、あの人に相談すれば何とかしてくれそう、という能力に対して頼りにするというものだ。

似たようなものに、立場というのもある。上司や役職者だからという理由である。能力や役職で頼られている人の中には、同じような能力を持った人が出てきたり、役職を外れた途端に頼りにされない人も少なからずいる。

能力や立場で頼られるのではなく、人望で頼られる人にならないといけない。そのための魅力と強さである。

魅力には外面的な魅力と内面的な魅力があるが、内面的な魅力は謙虚さである。どんな時も「ありがたいな」と感謝の気持ちで接することができる人は魅力的である。謙虚とは、調子の良い時に威張らないこと、調子が良くない時、つらいと感じる時にも感謝の心を持ち、目の前のことに取り組めることである。

周りにおだてられたり、立場が上になると、威張りだす人がいる。あからさまに威張った態度を取る人もいるが、大抵の場合、本人は自分の立場なら当然ぐらいに思って、威張っているとは思っていないものだ。

例えば、あれやっといて、これ頼む、と上司から言われるのは普通なのかもしれない。しかし、ごめんね、これをやってもらえないかな、わるいね、ありがとねと立場に関係なく言える人でいた方がいい。

僕はある人に実体験として教えてもらったことがある。それは株式会社ネクシィーズグループの近藤太香巳社長である。僕がまだ20代のころ、ある会食の席で太香巳社長と名刺交換する機会があった。僕はどんな方が存じ上げず、名刺を見て上場企業の代表取締役だと知った。そんな初対面の僕に、太香巳社長は話しかけてくれ、時間を取って事業のことを教えてくれた。上からものを言う態度は微塵もなく、また連絡してと携帯の番号まで教えてくれた。帰路でお礼のメールを送るとすぐに返信がきた時は感動したことを覚えている。

その後も連絡すると、忙しい時間を工面して時間を取ってくれた。僕は太香巳社長の会社の社員ではないが、「この人のためなら!」と思えるファンになっていたのだ。

謙虚で威張らない、魅力的な人になるには、その上で強くなくてはいけない。謙虚とは、遜(へりくだ)ることではない。相手を認め、思いやりを持つだけでなく、言うべきことは言えなくてはいけないし、行動が伴っていなければ、行動を叱ることも時には必要である。威張ることは良くないが、言わないといけないことを言えない、見て見ぬふりをするのも同じぐらい良くない。

言うのが苦手な人も自分を責めないで、毎回、意識することから始めればいい。優しいあなたも意識すれば必ず言えるようになる。そのために必要なものは自分の哲学と実践である。

どんな時も止まらない

やるべきことができないまま一日を終えることがある。少し休憩しようと思ったのが朝になって後悔することもある。

本当は寝る間を惜しんででも、やることをやって朝を迎えた方が多少寝不足でも気分は良い。ただ、やるべきことは欲求と同じように終わりがなく、やるべきことに追われると、人生の目的と手段があべこべになる。やるべきことをコントロールできるようにするには、人生の目的が明確になっていないといけない。

例えば、目の前の営業数字を追う日々の仕事と、社内でどう出世するかということを、別のものと捉えている人と、延長線上に捉えている人では社内の立場は延長線上に捉えている人の方が出世はし易い。

同じように未来設計を今の仕事の延長線上に捉えている人と、目先の仕事をこなすことで日々生活をしている人では、延長線上に捉えている人の方が、悔いのない人生を送れる。

人生の目的をいつも振り返り、仕事に向き合っていると、十分に睡眠がとれないときがあっても仕事に振り回されないようになる。

仕事に振り回されなくなるということは、一歩ずつ目的に向かって前進しているということとだ。目的なく走っていると、どこかで心にポッカリ穴が開いたように何のための人生なのか悩むことになる。未来設計や叶えたいことに向かっていれば、走ってなくて、たとえ歩いたとしても、人生の目的に着実に近づいていく。

目的地を決めて自分のペースで歩けばいい。10年先の目的地が想像できないのなら、5年後の目的地でもいいし、3年後でもいい。

目的地が決まったら走れる時は走った方がいい。その方が早く到達できる。でも無理をする必要もない。極力、止まることを少なくして歩き続ければいい。一歩一歩、歩き続ければ必ず目的地に近づく。瞬発力よりも持続力、続けることである。

時間を増やす発想法

スピードを上げる方法として、睡眠時間を削ってでも人の倍、働くという方法もある。正解は一つではない。だからどんな方法でも、自分に合っていればいいと思う。

私のことで言えば、睡眠時間を削り続けることはできない。私の睡眠時間は5時間だが、3時間にしても一週間しか持たない。これを1か月、1年やれる気がしない。私の場合は睡眠時間を削って人より働く時間を長くすることはできない。家庭を持っても同じだろう。自分の時間だけを考えていれば、本人はいいかもしれないが、家族は幸せにできないかもしれない。

時間を削れないなら時間の効率を上げればいい。誰にとっても1日は24時間であり、1時間は1時間である。時間は平等である。しかし時間の使い方は人それぞれ違ってくる。

1時間の価値をどう考えるか。時間は無限ではない。人は必ず老いて、必ず死ぬのだ。今の1時間は1時間の命の価値である。ならば、今の1時間は命の時給だと言える。今の過ごし方は命の時給1時間に見合っているだろうか。

意識を上げるだけで時間の効率は違ってくる。僕のコンサルティング料金は、5時間で30万円という相場なので時給6万円である。時給6万円も頂いているのかと思っていると時間の生産性は上がらない。最近だが僕は自分の命が1時間100万円の気持ちでいる。だから100万円を捨てても良いと思えない時間の使い方は嫌だ。自分で決めた過ごし方なら後悔しても渋々でも納得するしかないが、自分の意志で決められない時間の場合だと、イライラしてしまう。納得できる時間を過ごそうとすると時間の価値を考えるようになる。そうすると必然的に付き合う人が違ってくる。

時間を作る方法には、睡眠時間を削るだけでなく、時間に対する意識を上げることで、時間の価値を上げるという方法もある。意識しないと時間が無限にあるかのように過ごしてしまうが無限にはない。寿命が何年後なのか分からないが、確実に言えることは今の一瞬、一瞬が寿命から引かれていることは事実である。

これは仕事だけでなく、プライベートでの時間の使い方も同様である。しかし、時間を切り詰めることが良いと言うことではない。のんびりしたい時はのんびりしたらいいし、恋人や家族と楽しく遊ぶことも重要である。自分の時間ばかり気にしていると、せっかちになり周りを不幸にしかねない。関わる人のことも考えた上で悔いのない時間の使い方を意識するだけで、時間の効率は上がる。

時間に対する意識を上げると、無駄に思えることが嫌になる。僕も1時間で終えられる打合せは1時間で終えたいと思うようになった。1時間で終わる会議を2~3時間かけて行う企業とは付き合いがなくなってきている。

人の能力に最初から差はそうない。差が出るのは日々の過ごし方である。同じ職場でも成長が速い人と成長が止まっている人差は毎日の過ごし方である。能力が高い人は新しいことや将来のことを考えた仕事の仕方をしている。逆に成長が止まってしまう人は、毎日同じようなことを繰り返している。

24時間は誰にとっても24時間である。なら、使い方、過ごし方次第で未来が決まると考えた方がいい。

魅力的な人は第一印象と謙虚さで勝つ

人というのは、日々の過ごし方や、与えられた経験によって、表情や醸し出す雰囲気が変わってくる。

今の過ごし方が未来をつくると言っても過言ではない。リンカーンの有名な言葉の一つに「40歳を過ぎたら自分の顔に責任を持たねばならない」という言葉がある。顔のカタチは両親から受け継いだもので変わりようがない。しかし、日々の過ごし方や経験より表情は変わってくる。

学生時代はパッとせず存在感がなかった友人が、10年もすると、会社を経営したり、仕事で重要なポストに就いてイキイキとしていて存在感があるという話は珍しくない。

外見は変わらないのではなく日々の過ごし方によって変わるが、今過ごし方を変えたからといってすぐに変わるわけではなく時間がかかる。

しかし、時間がかからずに一瞬で外見を変える方法がある。服装や身に付けている物を変えれば外見は変わる。

これはとてもシンプルな法則である。何も高価な服を着ているとか高価なアクセサリーを身に付けているということではない。明るい色のシャツを着るとか、黒などシンプルな服装でもアクセサリーをうまく使うことで引き立てることができる。人は暗い場所よりも明るい場所を好んで集まるので、洋服やアクセサリーで明るく見えるようにした方がいい。

僕の経験でもトップセールスの人に会うと、服装はシャキッとしていて、明るく見える服装をしている。どこからどうみても地味だなというトップセールスはそうそういないはずだ。あなたの周りにいるトップセールスの人を見てほしい。ゴージャスに見える人が多いと思う。

どうして外見が大事かと言うと、初対面の時、人は第一印象で判断するからだ。私は外見ではなく中身で人を見るという人も、初対面の時には、気が合いそうか、良い人そうか、苦手っぽいか、一瞬で相手の印象を決めている。

中身も大事であることは言うまでもない。外見だけで中身が伴っていなければ、徐々にお客さんは離れていくだろう。

長く付き合えば信頼できると分かってもらえるという考え方だと大きな成果が出せない。信頼できる人に見られるまでに10回かかっているのなら、1回で見られるようにした方が良い。

第一印象の55％が見た目やしぐさで左右されるというメラビアンの法則というものがある。営業の場合は第一印象の良し悪しが、成果に大きく影響を与える。落ち着いた色の服装が好きな人も、プライベートでは好きな服装をすればいいが、営業で成果を挙げたいのなら第一印象で得をするような服装にすべきである。

僕の師匠の一人で、札幌で居酒屋を経営している尾形幸弘さんに数年前に教えてもらったことがある。僕がおがにぃと呼んでいる尾形さんは、累計納税額日本一の斎藤一人さんの愛弟子でもある。ある時、尾形さんから次のように教わったことは昨日のことのように思い出す。

おがにぃ「いいかい、くわちゃん、車を運転していて前に軽トラが走っているとするよ。その軽トラが道を譲ってくれたらなにか思うかい？」

僕「いや、特に何も思わず会釈して追い越すと思います」

おがにぃ「じゃ次は前をポルシェが走っていた。そしてポルシェが道を譲ってくれたらどう思う？」

僕「なんて良い人だと思います」

おがにぃ「乗っている人は同じかもしれない。でもな見た目で違うんだぞ。見た目は大事なんだ、見た目に自分が酔って偉そうに威張るから嫌われるんだ。見た目が恰好よくて謙虚なら好かれるんだよ」

例えば、スーパーでリンゴを見ても色艶の良いリンゴを手に取るし、合コンでも内面を見る前にまず外見でタイプがどうか判断する。内面も大事なことは言うまでもないが、まず見た目でできそうな営業かどうか判断されるのである。

中には、一見すると目立たず地味なのに只者ではないと感じる人もいるが、そういう人は修羅場のような人生経験を多く積み、かつ謙虚さが内面から滲み出ている人である。いずれにせよ、これから数多くの忘れられないような体験を積むことはよいことだが、まずは、第一印象と謙虚さで勝ってもらいたい。

どんな時も笑顔でおかげさま

周りから良く見られたいと思うのは誰でも同じである。外見も見せ方の一つだと言える。それも即効性があるので効果的である。しかし、外見、特に笑顔や明るさなどではなく、服装や持ち物の場合、意識して注意をしなければいけないことがある。

例えば、新しい服を着たり、高価なものを身に付けたり、正装した時は気持ちも大きくなりがちになる。自分はできるんじゃないか、やれるんじゃないかという気持ちになる。このこと自体は悪いことではない。内面から出てくる「できる」という気持ちは良いことである。

問題なのは内面の高揚が周りの人に対して高圧的な態度で接してしまうことだ。周りから良く見られたいという気持ちが、未熟なうちは相手がどう思うかではなく、相手にどう思われたいかという自己中心的な格好付けとなってしまうことも多い。そうすると、偉そうにしたり、威張ったりし出すので、下手をすると役職や権力で相手を抑え込む人になってしまう。

本来は周りがあなたのことを素敵な人だと判断するものである。しかし、周りの判断ではなく、自分で俺・私は凄いぞと、態度や行動に出る人が多い。それも未熟なうちは仕方がない。偉そうにしない、威張らないと自分に言い聞かせて意識していないと出てしまう。

ブランド物を身に付けている人で偉そうに見える人は、態度が大きいか言葉が偉そうかどちらかである。いくら外見をできるように見せても偉そうにしていると嫌われる。先程のポルシェの話でも相手が道を譲ってくれたので良い人だと思うのだ。もしも相手が前の車を遅いぞと吹っかけていれば嫌な人だなと思うはずである。

人に好かれる人は笑顔で何があっても偉ぶらずに誰とでも接することができる人だ。

良い時に笑顔で感謝ができるようになると普通レベルである。普通レベルなのだが、意外と難しい。調子が良いと態度や言葉が大きくなりがちだからである。普通のことができていれば人に嫌われない。

良くない時にも笑顔でおかげさまだと感謝の念を持てれば上級者である。うまくいった時に神様や先祖様にありがとうございます、と言うことはできても、うまくいっていない時にありがとうございますと言えるかである。うまくいっていない時は学んでいるときである。

乗り越えて成長する機会を与えてくれてありがとうございますと思える人が上級者である。

どんなことが起こっても笑顔で淡々とやるべきことをやっている人は忙しくて大変でも大変に見えない。それは、「なんで私がこんなことをしないといけないのか」と考えたり、「どうしよう、もう嫌だ、逃げたい」と弱気になったりすることがなかったり、一瞬は考えてもすぐに前向きに捉えなおして行動に移せる考え方を身に付けているからである。

考え方はすぐに変わらないが、それでも日々、「また弱気になった、また偉そうに接した」と反省を繰り返すことで変わってくる。気付くことがとても大きな一歩なのである。

自己検証のススメ

僕は大学の時から日記を付けている。どちらかと言えば飽き性なので、付けている途中でノートが折曲がったり、汚れたら書く気がなくなるだろうと思ったので、大学の時からずっとエルメスのノートを日記帳に使っている。価格は4200円ほどするが、エルメスの中では最も安い商品の部類に入るだろう。日記帳に4000円払うことは高いとは思っていない。僕の歴史を記録するのだから日記帳として4000円の価値は十分にあると思っている。しかし、日記帳は高いノートを使った方が良いと言いたいわけではない。どんなノートでもいいと思う。飽き性の僕にとって高価なノートは書こうと思う動機付けになっているだけである。

日記を付けている一番の理由は一日を振り返るためである。日々過ごす中で、何を学び、何に気付いたのか記しておかないと忘れてしまう。もう二度とない1日なのに1週間前の日で気がついたことは何か、思い出そうとしても思い出せないのはもったいない。

赤色を意識して周りを見渡せば赤色の物が目に入るが、赤色を意識していなければ目に入らないのと同じように、日々、何を学んだか、何に気が付いたか、普段から意識しないとほとんどが残らない。

知識でも何でも定着させるには復習が必要なように、人生も寝る前に1日を振り返り、検証し整理することが必要だ。

ミスをした日もどうしてミスをしたのか、次、同じような状況になったらどうするのか、決めておくと同じミスはしなくなる。

過去を振り返ることは、過去を引きずることとは違う。寝る前に反省すべきところは、反省し対処法を確認できたら、もう過去を振り返って落ち込むことは止める。もしも落ち込みそうになったら、「もう反省をして対処法も決めた！」と振り返ってしまう自分を鼓舞して前に進もうと振り切るのだ。

過去を引きずらないために、毎日10分時間を取り1日を振り返る。日記だからといって毎日必ず書かないといけないわけではない。これは僕が自分で決めたルールである。毎日書ければ一番だが、日によっては疲れて書けなかったり、酔っ払って帰ってきてそのまま寝てしまうという日もあるだろう。毎日振り返って書くことがストレスに感じる人の場合、書ける日に書くと決めてもいい。実際、僕は1週間以上、書かずに忘れていたこともある。

仕事柄いろんな経営者に会う機会が多いが、成功している人で行動基準や意思決定基準を持っていない人には会ったことがない。

行動基準や意思決定基準は経験を積めば身に付くかと言えば、経験値としては身に付くのだが、確固たる理由や想いを持って行動や意思決定をするには自分のことを良く知っていなければならない。そのために自分を振り返り検証する時間を1日の終わりに確保する。

この1日10分の自己検証の時間が人生に深みを与えてくれ、豊かなものにしてくれる。

第三章　自信という武器を身に付ける

今までのやり方では時代に取り残される

信頼できる人の話を聞きたい

今はインターネットで何でも情報を取ることができる。私も調べたいことがあれば人に相談する前に、インターネットで調べている。たとえ専門的なことでも人に相談するよりも詳しい情報を得ることができることもある。商品もほしいものが決まればインターネットで安く購入している。私と同じ人も多いと思うし、これから若い世代の人はもっとインターネットで商品を購入したり、情報を取得するようになるだろう。保険のように専門家に相談する商品も会って相談する時代からビデオチャットのようにインターネットを通じて相談をしたり契約ができるようになるかもしれない。

これまで専門家に相談しないと分からなかったことが、専門家に相談しなくても情報が取れる時代になる中では、専門家に相談する理由は、「仕方なく」から「わざわざ」へと変わっていく。

では、「わざわざ」相談する人とはどんな人だろうか？　商品に詳しいというのは、一つの理由にはなるだろうが決め手にはなりづらいのではないか。ネットでも相当詳しい情報入手が可能だからだ。これからは知識に留まらず、〝知恵の部分も加味して親身に相談に乗ってくれる人〟が活躍していくだろう。

今でも途切れることがなく相談を受けている人もいれば、同じ商品を取り扱っていても話ができる人を探すので精一杯の人もいる。

相談が途切れない人は紹介も多いという共通点があるが、紹介もあり方が変わってきている。例えば、契約を頂いた時に、「どなたか紹介頂けませんか?」と話をしても、商談になかなか繋がらなくなってきた。これは紹介というツールが頼まれたからするというものではなくなってきているという事実と、受けた方もインターネットで調べればわかるような商品の情報程度なら自分で調べるからである。

さまざまなSNSが使われ、個人がメディア化している。僕はこれをパーソナルメディアと言っているが、感動した体験や印象的なこと、初物情報など良い投稿だけでなく、対応やサービスが悪いなど、頭にくるような体験をした際も投稿されることがある。これらSNSでの情報発信は個々のパーソナルチャネルなので、他の誰かからこういう内容で投稿してほしい、投稿しないでほしいということは難しい。

パーソナルメディアが一般化すると、投稿することで沢山の人に伝えることができるので、個別に一人ひとりに伝えるということは少なくなる。そう考えれば今後は紹介というより口コミが主体となると考えられる。

これは女子会と同じ仕組みである。良い商品に出合ったときに、わざわざ、特定の人にその場で電話をかけて薦めることはしないものだが、みんなで集まった際に、「こんなことがあった」と話すと場が盛り上がり口コミが起こる。

ただ、女子会と違って個人SNSはタイムリーに配信されるため、口コミはより起きやすい。女子会だと友人が話し出した会話で盛り上がり、自分の体験は話さずに終わってしまうということもあるからだ。

私も時々、フェイスブックで保険に関する情報を投稿することがあるが、投稿すると、5名～10名はリアクションがある。配信している人数が100名足らずなので反響率は5%～10%と高い。これは私が販売員ではなく、情報提供者というポジションだということも大きい。売手が直接宣伝するよりも友人や信頼できる人から聞く情報の方が効果的だということは変わりがない。

では、あなたの友人はどうすればSNSに投稿するだろうか。

例えば料理のように目に見える商品や住宅展示場など体験できることなら投稿し易いが、保険のようにカタチのない提案商品や歯医者など治療体験の場合、内容や体験に感動したとしても内容や体験を文章にすることが難しい。提案商品や治療体験の投稿は結局「人」に焦点があたる。

自分のパーソナルメディアに投稿するわけだから、信頼できる、間違いないと思わないと投稿しない。

ならば、これからは信頼される人になればいいということになる。信頼とはブランドと言い換えられる。どうして高級ブランド品が売れるのかと言えば、そのブランドに信頼があるからである。丈夫であるとかサービスが素晴らしいとか信頼がブランドを支えている。個人もブランド化する。パーソナルブランドが高い人に相談は集中する。

無我夢中だけでは自信はつかない

信頼される人になろうとがむしゃらに頑張っている人は多い。特に入社して間もない時は誰もが情熱を持って営業をしている。しかし、結果として信頼される人もいればうまくいかずに苦戦する人も多い。それも、お客さんからの要望に何でも応えようというまじめな人ほどうまくいかないことが多い。

やる気もあるのにうまくいかない人というのは、お客さんからの要望に応えようとする気持ちが強い。お客さんから言われることが、簡単明快で決まっていればいいのだが、保険など専門職の場合は質問や要望も多岐にわたる。経験が少ないうちは即答できないことも多く、意見や要望を聞き続けていれば事務的な部分に多くの時間を取られるようになる。

僕がコンサルティングをしている企業の中にも、売上が挙がらず困っている女性の営業パーソンがいた。確かに数字は良くないが、社員全員が口を揃えて、彼女のことを素直で仕事も熱心に取り組んでいると言う。彼女と面談をしてみると、社員が言っているとおり仕事に対して熱心な女性だった。どうして彼女の数字が挙がらないのかを知るために個別に面談をして営業のやり方を聞いてみた。

すると初回商談の時に、相手がどういう不安を抱えているのか、何に関心があるのか、ヒアリングを細かく行っているという。すると当然、社会保障のことや年金の支給額など幅広く相談されたり質問を受けるわけだが、経験が浅いと全て即答で答えることは難しい。

彼女も本当は保険の話を進めたいのに、現場では的を外れた話がメインとなり、結局は調べる宿題を持ち帰るということが多かったという。

彼女のように、この話をしたい、こうもっていきたいと商談の前に考えていたシナリオと違う話題となり、脇道にそれたまま、本筋に戻せないで商談が終わってしまうという人は少なくない。

まじめな人なら質問されたことに答えようと帰社してから勉強する。すると確かに知識は付く。しかし、ライフプランの全体に関することは勉強してもしきれない分量があるため、勉強ばかりとなれば数字は付いてこない。

　彼女の場合も時間をかけて調べても、お客さんは「教えてくれてありがとう」と感謝はしても保険には入ってくれないと悩んでいた。相手は知りたいこと＝保険でなければ、満足はしても保険の契約には至らないことは当然である。

　インターネットが発達して情報化社会になる前なら、彼女のように、お客さんの要望に応えて親身に対応していれば契約が取れたのかもしれない。情報に対する価値を誰もが持っていたからである。しかし、現代の人は情報は調べれば取れると思っているので、情報自体の価値が下がっている。価値があるのは一般には知られていない付加価値のある情報か、年金がどうなるかといった誰も確かなことは分からない不確定要素的な情報である。後者は分からないので、前者ということになるが、前者をライフプランという幅広い領域でカバーするのは難しい。

　そうすると、お客さんに会うたびに色んなことを聞かれて答えられない…、自分が取り扱っている商品のことだけ聞いてくれれば分かるのに…と、どんどん自信がなくなってしまう。自信が持てなければ、力強い提案ができない、結果としてこの人に任せておけば大丈夫だと思われない。

仕事を初めて最初の頃、商品のこともよく分からず説明をしたら、思いがけず契約が取れたという経験をすることがある。これは、分かっていない分、知っている知識だけを熱意を持って伝えるから契約が取れる。経験を積んで、いろんな知識が浅く幅広くついてくると、本当に伝えたい核となるものがボヤけてしまって伝わりきらなくなる。そうなると、3か月～半年ぐらいするとスランプが訪れる。

信頼感は自信・誠実さ・実績

信頼されるには、実績や誠実さの他に自信が必要となる。

この中で実績は経験を重ねる以外に付かない。例えば、相談実績○○○○○○世帯、顧客件数○○○○世帯といった顧客に対する実績や、○○受賞、○○に表彰されました、○○に掲載されました、といった権威付となる実績などがある。実績は一定の安心感になる。

僕は歯医者に行く際に、ホームページで近所の歯医者を検索した覚えがある。何を基準に選んだかと言えば、お客さんの評価と先生や看護師の方々の表情である。技術や治療については正直よく分からないので決め手にはならなかった。お客さんのコメントの件数は実績となり、またコメントが安心感になる。

実績はすぐにでも手に入れたいものだが、これぱかりは一件ずつコツコツと増やすしかない。

実績がない段階で必要なものは誠実さである。相手のために一生懸命になってくれる人は信頼される。逆のことを言えば、実績がない時は実力以上に誠実さが大切と言ってもいい。たとえ、実力はキャリア10年の人と同じぐらいあったとしても、実績がない、それに年齢が若いなら相手の方に分がある。

僕は今も定期検診で歯医者に通っているが、開業したてで実績もまだなく、年齢も僕と同じ若い先生の所に通っている。どうしてそうなったかと言えば、調べて何件かの歯医者に通った結果、決めた歯医者で僕を担当してくれたのが、今通っている歯科医の先生だ。まさか同い年だと知らなかったが、治療の進め方について丁寧に説明してくれるだけでなく、僕の考えもくみ取ってくれて治療をしてくれたので信頼した。

この先生に出会うまでに僕は他に数件の歯科医に行ったが、全ての先生がちゃんとした理由も言わず、神経を抜くしかないという説明に納得が行かなかった。当然、これまでの経験や実績から神経を抜くことが最適な治療だという判断だろう。それは分かるが誠意というか誠実さにどうも納得がいかなかった。

結果として僕は同い年で誠実な先生に僕の歯の主治医になってもらうことに決め、先生が独立して歯科医を開業したので、今もその歯科医に通っている。

単に誠実さがあればいいと言っているわけではない、当然、知識や腕、実力も必要だ。ただ、目に見えにくい知識や腕、実力よりも誠実さの方が人の心に響くことは確かである。

信頼できる人だと思われるためには誠実さと自信、そして実績があればいい。実績がない間は誠実さに自信を乗せればいい。

自信はあるにこしたことはない。持てない時はある振りをすればいい。自分がどうより、相手にどう見えるかが重要なのだ。たとえなくても演じろというのが僕の考えである。

芸能人が芸能人を演じるように、営業もできる営業を演じるべきである。そのためには、見かけが一番早い。

実は見かけはできる人を演じ、とびきり誠実に接すればギャップが大きくなり、相手はあなたを高く評価するはずである。自信があるように演じるというのは、知らないことを知っているように振る舞うことではないし、嘘をつくことでもない。知ったかぶりをすることは誠実さを消すことである。本当のトップセールスは商品の知識がそこまでなくても売れるが、そういう人は知らないことは知らないと答える毅然とした態度をしている。

自称〇〇は本物か見抜かれる

思うところを正直に言えば、これまでは自称プロがまかり通っていた。プロが教える、プロが選ぶという言葉を聞いたことがあるのではないかと思う。お客さんもプロが教えてくれるなら、プロに聞いて見ようと相談に来ていた。私も自己価値を上げるためにと、このような言葉を使うことを勧めてきた。

２０１３年頃、セミナーを開催すると集客が好調だった。駅前の良いホテルの会議室を借りて、ケーキとコーヒーを付きのマネーセミナーの開催を地域の情報誌とＨＰに告知をすると、多い時には１００名集まることもあった。

セミナーの集客が良いとセミナーを開催する企業が増えた。経営相談を受ける企業にもセミナーを開催しているという企業が増えたが、どの企業もセミナーで成功しているわけではなかった。セミナーのコツはいろいろあるのだが、その一つに講師の紹介方法がある。うまくいっていない企業の特徴の一つとして、講師の名前が呼び捨てで書かれている。これでは威厳が出ないだけでなく営業だと思われる。呼び捨てではなく名前に氏を付ける企業も見かけたが、これも呼び捨てとそう違わない。

そこで、どうしたかと言えば、先生としたわけである。講師紹介として、桑原敏彰でも桑原敏彰氏とするより桑原敏彰先生とした方が威厳も出れば売込み色も出ないわけである。

その頃はセミナー自体が珍しいこともあり、自分で先生と言えば、お客さんから先生と呼ばれていたから面白い。

実はこれだけで個別商談率が2～3割上がったのである。このことに気付いている人は地域の情報誌に情報を掲載する場合や、連載をする場合も先生と書いている。とても効果的な手法なのだが、最近は先生が増えすぎている。

これは先生だけでなく、プロという言葉も同じだ。プロが選ぶ保険と言う際のプロとは誰かと言えば、その人である。ゴルフのようにプロ試験があるわけではない。

誰がプロと言っているのかと言えば自分で言っていたに過ぎない。自己ブランディングをすることは大事だが、これからは、自分で言わなくても、お客さんから先生と呼ばれるようにならないといけない。

そんなことができるのかと言えば、できる。お客さんがこの人は凄いと思えば先生と呼ぶ。今のように先生やプロが増えてくれれば、お客さんの見る目も厳しくなる。先生と自分でハードルを上げている分、話を聴いている人が凄いと思わなければ、個別商談には進まない。

これまでは先生やプロだと自ら名乗るべきだと言ってきた。これからはと言うと、自分で先生やプロだと思えれば名乗ればいいと言うだろう。本物ならうまくいくからである。本質で言うと、プロでないと残れないのだからプロを目指すべきだが、まだプロだと自信がもてない人は、「情熱を持って伝える○○」や「親身になって考える○○」のように自分が心から思えることをキャッチコピーにすることを提案するだろう。

最短で自信を身に付ける

自信を付けるには実績を積み重ねるしかない。いろんなことを経験し、いろんなことに気付くことによって自信は付く。昔は一つひとつ地道でもがんばり続ければうまくいった。損保代理店のある経営者と話をしていると、10年経てばやっと一人前だと言っていた。事故の際の対応や交渉の仕方など、確かに職人のような部分があることは事実である。しかし、時代に取り残されるのが現代である。100通りのパターンを自ら経験してやっと一人前だとやっていると、時代に取り残されるのが現代である。100通りのパターンがあるならデータ化して共有できるようにすることで成長スピードを今までの1／10にしなければこれからの時代には適応できない。また、今までは暗黙知だった知識や経験は情報化に伴い顕在化することは間違いない。手の感触や感覚でしか作れない作品などは顕在化するのは難しいだろうが、知恵が広がるスピードが日々早くなってきている。

知恵が広がるスピードが上がっているということは、手に入れようと思えばいくらでも知恵は手に入れることができるということだ。インターネットで調べるだけでなく、今は知恵を販売するセミナーやＤＶＤなども沢山ある。お金を払えば知恵は手に入ると思っていい。

しかし、いくらでも知恵を手に入れることができると言っても人が学べる量には限りがある。あれもこれもと思って手を出すと中途半端になるだけである。それに他の人も同じことを学んで知っている可能性があるわけだから、浅く広い知識を持っていても差別化にはならない。

知識が経験によってだけ得られる時代ではなく、お金をかければ短期間で得られる時代でも、みんなが得ることができるので知識だけで自信を付けることは難しい。実務体験を通じて経験を積むことがやはり必要である。

難しいのは知識が沢山得られるからと言って、経験量も幅広く増やすと、結果として、うだつが上がらない人になってしまうということである。

幅広く何でもできる人は特徴がない人と同じなのだ。この人に聞けば安心できるという実績というのは、その分野における実績だからだ。

もし、あなたが心臓の病気になったとしたらどんな先生に診てほしいと思うだろうか。外科の分野で幅広く実績がある先生よりも、心臓の病気に関して日本一の実績をもつ先生に診てほしいと思うのではないだろうか。

これからは心臓の外科医の先生だけでなく、あらゆる専門職にとってそのことに精通している人に相談が集中するようになる。誰に対しても対応できる幅広い知識よりも、一部の人にでも、その人にとって価値ある知識を持った人の方が相談は増えることになる。

トップクラスの分野をつくる

勉強熱心、好奇心の旺盛さは、成功するためにどちらも必要な要素である。しかし、この2つを持った人が方向性を間違えたがために苦しんでいる人がいる。いろんなことを学ぼうという姿勢では成功はできない。

仕事もまじめにやっているし、退社後や休日も本を読んだり、自分を磨くための習い事をしたり、いろんな知識は身に付けているのに、同期が出世していく中で、出世することができず焦っている女性がいた。

もしかすると、この女性は同期の誰よりも自己向上心は強かったかもしれない。しかし、結果として出世が遅くなり、その結果、徐々に焦りがでてきて、仕事を辞めようかと悩むまでになっていた。彼女に聞くと、同期は上の人と仕事をする機会が増え、大きな権限を与えられるようになり、イキイキと仕事をしているらしい。彼女はと言えば、後輩にも追い抜かれ、未来が見えなくなっている様子だった。

仕事が人生の全てではないが、一日の半分近くは仕事である。仕事が充実しているかどうかは、人生が充実しているかどうかと言い換えても、そう間違ってはいない。

会社員ならできれば出世した方がいい。出世した方が会社の中ではやり甲斐のある仕事が与えられる。

それでも出世だけが全てではないと考えて、出世する道を選ばないのなら、どうやって幸せな人生を歩むのか人生設計を考えておいた方がいい。

会社員で出世が早い人と遅い人の差は、会社が求めていることにどれくらい応えるかである。出世が早い同僚は会社が求める知識や経験に集中的に時間を割いていたはずである。彼女の場合は会社が求めること以外のこと、彼女自身が興味のあることを習得することに時間を割いたのだ。適性や配属、上司など運もあるが、一人ひとりが決めた方向性の差は大きい。

出世する人は出世するためにはどうすればいいかと考えているし、そうでない人は出世のことより目先の仕事や遊び、自分の未来のことなど、出世以外のことを考えている。

会社員として今の仕事で出世するにしても、そうじゃなく別の道に行くにしても、共通して必要なことは自分の力を付けることである。その際に自分が身に付けたい力を付けるのではなく、世の中に必要とされる、生きていくための力を身に付けないといけない。その上で、好きなことはどんどん学べばいいし、いろんなことに興味を持つといい。

世の中に必要とされることはいくらでもあるが、何でもやろうとしないこと。「このことなら、あなたに相談するのが一番いい」と言われる人になった方がいい。

広い分野でトップクラスになることは難しいが、何か特定の分野に絞り込めば、トップクラスになることはできる。やはり、一番詳しい人、一番実績のある人、一番目立つ人に、人は集まる。まずは一つだけでもいい、この分野なら負けないというものを創ろうと決めることから始まる。誰に負けないのか、日本一なら一番いい、日本一が難しければ県内で一番でいいし、県内で一番が難しそうなら、市で一番、町で一番でいい。町で一番、この分野に関しては詳しいと思えるまで一つのことを極めて見てほしい。

実績を積み上げ見える化させる

このことなら一番詳しい、この地域でなら一番詳しいという分野をつくっていくこと。これが成功するための最短の道である。このことをもう少し掘り下げて考えると、自分で一番だと宣言するやり方は古い。客観的に見て一番であると納得させる材料を作っていくことで一番だと認められるようすることだ。

これは地道なやり方であるが、この地道なことをやることで、他の人が簡単に真似することができない差別化障壁ができる。

これから何か大きなことをやろう、認められることをやろうと思えば、一つはスピードを意識した大胆なことに取り組まなくてはいけない。一方で大胆なことだけでなく、裏側では細かく足場を固めていくことも大切である。

勢いに任せてやった場合、それが時代に適応すれば、その勢いに乗って良い結果が出ることは間違いない。時代の流れに乗ることはとても大きいことである。

例えば、業界の法律が変わるタイミングや国が新しい政策を始めるということは分かり易い。法律が変わる場合は規制緩和される場合と、規制が強化される場合があるが、いずれにしても、業界がこれからどうなっていくのかを考えて、近未来に人より先に打てれば優位な立場に立つことができる。また、例えば国が特定の人に補助金を出す場合や、医療費の負担が増える場合などは、これから消費者のお金の使い方がどうなるか、何を求めているかを考えて対策を打てば消費者のニーズを外さなくなる。

一方で、そういうことを考えずに、同じことをずっとやっていると、少しずつ世の中のニーズとズレてくる。

法律が変わったり、国の政策が変わる場合は時代の変わり目が分かり易いが、それだけでなく、川上にあたるメーカーの戦略を知ることで、今後のトレンドや流れを知ることもできる。

洋服でも今年の流行カラーや流行のファッションというのがあるが、あれもメーカー側が提唱しているに過ぎない。メーカーが決めて、ファッションショーやファッション雑誌でモデルの人がその服装をするので、結果として、メーカーが流行らせたい服装が流行となる。これはどんな商品でも同じことが言える。

わざと時代の流れと逆行するというやり方もあるが、それも時代を捉えた上で、違った提案のニーズがあると確信して実行する場合のみ勝機がある。どちらにしても時代の流れを読むということは必要である。

ただし、時代の流れだけを読んでいると、大きな変化に対応しきれない。変化が緩やかなら変化に合わせていけばニーズから外れるということはないが、変化の早い時代では、自分のスピードよりも時代の変化スピードの方が上回ってしまう。

なので、消費者が求める時代のニーズに合わせていくだけでなく、骨格となる根っこの部分を強固にしていく必要があるのである。この根っこの部分とは時代が変わっても変わらない普遍的な部分のことだ。

実績数であったり、数だけでなく、お客さんからコメントを貰うことで喜んでもらっていることが証明できるものであればなおいい。さらにこの地域に住んでいる世帯のうち、何世帯が利用してくれているとか、法人であればこの地域にある、この業種の法人のうち、何法人が利用してくれているとか、そういう実績は一つひとつの積み重ねであるが、時代の変化に強い。

小さなこだわりが大きな差となる

時代の変化に対応しつつ、根っこの部分であり、あなたが譲れないと思うこだわりの部分が永く成長発展し続ける上で大切になり、これから先に、なにか苦しいことがあった時や、めげてしまいそうになった時に、このこだわりが、あなたにとって拠り所になってくれる。

私が提唱しているものに「夢のサポート」というものがある。保険商品を販売するための目的とするのではなく、契約者の夢をサポートするための手段として活用するというものである。

なぜこのように考えるのか、理由をお伝えすると、保険こそ相手の夢に寄り添える商品だと私は思っている。将来の夢を叶えるために「どうお金を蓄えればいいのか」という視点で保険を備える、「万一、大病してしまった場合に一日でも早く治すために良い治療を受ける」という視点で保険を備える。では、どうして保険で備えるのかと言えば、僕は自分の人生をより良く生きるための手段だと思うからだ。

あなたが今やっている仕事は他の多くの人がしている。その中で「どうしてあなたが今の仕事をしているのか」と聞かれたらどう答えるだろうか。

私なら『「夢」をサポートするためにしている』と答える。あなたは何と答えるだろうか？正解はないが「仕事をやっている理由」という大義名分はあった方がいい。これは企業で言えば「理念」にあたる部分である。

理念は企業が持つだけでなく、個人でも持っておくといい。そして、理念が埃を被っていては意味がない。理念を具体化させる、これがこだわりであり、中期的に言えばビジョンという目標にあたる。

例えば、僕が言う、夢をサポートするというこだわりは、言葉で言っているだけだと、相手に伝わり切らない。相手からすれば「で、何をしてくれるの？」とよく分からないからである。

こだわりは大事だが、言葉で言っているだけでなく、それを具体化して見えるようにできるかで付加価値が生まれる。

夢をサポートするということを具体化してみると、契約時に夢を聞くようにするというのが第一段階だろう。聞くだけだとサポートするということにならないため、サポートするには具体的な夢を知る必要がある。

そこで、単純に「夢はなんですか？」と聞くと、健康でいることです、宇宙に行きたいなど抽象的な夢や実現可能性が薄い夢を答える人も多い。

しかし、「今年叶えたい夢はなんですか？」と聞くと、「温泉に行くことです、本を20冊読むことです」、といったように具体的で実現可能性のある夢を答えるようになる。

具体的でかつ実現可能性ある夢が聞けるようになってくれれば、毎年、誕生日を迎える時に、○○歳で叶えたい夢を聞くというアイデアが浮かんだりしてくる。

そうすると、例えば契約時にお客さんからもらうコメント用紙にも夢の記入欄を作り、夢が叶ったら写真も送ってもらうようにしておけば、毎年お客さんの夢が叶った写真が増えることになる。

ホームページなどで写真をアップしていけばこだわりは形になる。最初は一人ひとりの積み重ねだが、1年、2年、5年と経てば、最初は小さなことだったものも他が後から真似をしても追いつかない強みとなる。

自信が付くと依頼が集中する

どんなこだわりでもいいので、小さな実績を積み重ねることで、自信という武器を手に入れることができる。こだわりを持つことで、今の仕事をする理由が持てる。仕事をする理由が持てない人は、なぜあなたが今の仕事をするのかという理由が持てていないからである。

小さくても一番という分野や実績を持つように決め、こだわりを具体化することで、方向性が決まる。あとは、その方向性に自信を持つことができればいい。

仕事がうまくいき出すと自信に似た感情が出てくる。しかし、この段階は注意が必要で、それは自信ではなく、言い方は良くないかもしれないが、調子に乗っているだけである。ここで浮かれると、クレームの発生など良くないことが起きやすい。

本当の自信は、自ら得られるものではなく、お客さんから与えられるものである。自分がやるべきだと思ったこと、やりたい、やろうと思ったことを、実践していく中で、お客さんが喜び、認めてもらうことで、仕事への理由が、やりがいへと変わり、自信が持てるようになる。

自信を持てるようになるには、お客さんから喜ばれたり、認められることが一番の糧になる。ただ、保険のように商品内容が目に見えにくかったり、実際に良かったと実感する時期が買う時期と違う商品の場合、お客さんに本当に喜ばれるまで時間がかかる。

人は本当に助かった、良かったと思う体験をした時、感動した時には、直接そのことを伝えたいと思うものである。

未来を売る商品の場合、契約書にサインをしてもらう時に、どうして契約をする決意をしたのか、どうしてあなたから契約をしようと思ったのか、お客さんに聞くようにする。

これは、お客さんからのコメントを集めようという単純なことにとどまらない。お客さんからコメントをもらうことが大事なのは言うまでもない。しかし、コメントも以前は量を集めることが大切だと言われてきたが、今は量より質に価値がある。

「分かり易い説明で良かったです」といった要点だけ1行で書かれたコメントが10件あるのと、「保険には既に加入していたので、最初は説明を聞く気にもなれなかったのですが、○○さんの誠意に押されて話を聞くだけという気持ちで話を聞くことにしました。それも○○さんが話を聞くだけでいい、夢を叶えるためにどういう保険が合っているのかを知ってもらいたいという熱意が話を聞いてみようと思った理由です」といったコメントが1件でもあれば、この1件のコメントの方が価値はある。

こういうコメントを集めたいなら、どういうコメントがほしいのかちゃんと伝えないといけない。真っ白い用紙に「好きに書いてください」と頼むと、簡単な前者のようなコメントが増えるのは当然である。コメントの内容を指示したり、思ってもないことを書いてもらうように誘導することはもちろん駄目だが、どういうことを書いてほしいのかは伝えないと、お客さんは何を書けばいいのか分からない。

後者のコメントは、「保険の話を聞いてみようと思った理由はなんですか？」という質問がコメント用紙に書いてあることで、お客さんは書ける。

もちろん、内容の濃さは、お客さんへの提案の仕方やコミュニケーションなどどれだけ親身になって丁寧に仕事をしたかによって変わってくる。

お客さんに何を聞きたいのか、こだわっている部分への評価など、聞きたいことがコメント用紙に入っているだろうか。コメント用紙に書いてもらうための質問にも一つひとつ意図がなくてはならない。コメント用紙ひとつを取っても一般的なものというものはなく、それぞれのやり方に応じて聞くことや言い回しさえ工夫する。

方向性を決める時は大胆に決断すべきだが、細部に関しては緻密に考える人が成功していることは経験上間違いない。

仕事を楽しむ人から仕事が楽しい人へ

仕事にやりがいが持てるようになると仕事が楽しくなる。それまでは心の底から仕事が楽しいとは思えないかもしれない。

どんな仕事でも最初は分からないことの方が多い。そんな時は分からないことを隠そうとせずに、積極的に聞いて回る方がいい。もちろん、何も自分で考えることなく聞くと、聞かれた方も何をどう答えていいか分からないし、かといって一から説明するのも面倒に感じる。そこで、「私なりにこう考えたのですが」、「私はこう思うのですが」と自分の考えや意見を加えた上で積極的に聞く。面倒に思われても聞く人が成長が早い。

仕事が楽しいと感じられるまでは、楽しもうと強く思うことだ。もちろん、うまくいくこともあれば、失敗することもあるし、お客さんに叱られることもある。僕の経験だと、仕事がうまくいって楽しいと思う時と、何か問題や課題を抱えたり、寝る時間もない状態でやっている時とを比べると、良く言っても1:9ぐらいの比率じゃないかと思う。

この9割をつらいと思うか、自分が成長する糧だと思えるかだ。何も課題がなく、余裕でできることだけだと成長幅は小さい。成長するには、できないことを一つずつできるようにして能力を身に付けること、無理難題だと思えることもやり切る粘り強さを身に付けることが必要だ。

仕事が楽しいなんて言っている人は強がりだと思う人もいるが、仕事が楽しいと心から思って仕事をしている人がいることは事実である。しかし、最初からそうかと言えばそうではない。

最初は仕事を楽しむと決めて楽しみを探すのだ。強がりとは楽しくないものを楽しいと思い込むことなので、楽しむと決めて楽しみを探すことは強がりとは違う。

あなたが仕事を楽しもうとしていると、「仕事ってつらいものだよ」とか、「仕事が楽しいはずない」とか言ってくる人が現れるかもしれない。そんな時は惑わされないようにすることだ。

今の仕事がつらいと感じるなら、それを乗り越えることによって、あなたはその分確実に成長していく。

第四章　話が聞きたいと思われる人になる

〝保険は好きだけど売れない〟はあり得ない

営業局面での自己評価を上げる

ここからはスキル的なことをお伝えする。手軽に簡単に良くなりたいとスキルばかりを追い求めることをしてはいけない。中身の伴わないスキルは一過性のものでしかなく、長続きしない。そのことを分かった上で、読み進めてほしい。

営業は、相手に売られると思われるとうまくいかない。売られると思った瞬間に相手は一歩どころか二歩構える。

その商品がほしいという人になら、よっぽど下手な説明をしない限りは売れる。

しかし、今は一通り物が行き渡っているし、これからさらに物に対する欲求は下がっていくだろう。

物にお金を使わなくなると、体験やサービスにお金を使うようになる。

物に対する消費は、パソコンやウォークマン、アイフォンと言ったように従来はなかった画期的な商品が開発されれば、付属する商品やサービスも含めて、消費を生み出すことができる。それ以外にも今までの目的と違う目的を持たせることで買い替えのニーズを掘り起こすことができる。例えばパンを焼くためのトースターではなく、パン屋さんの焼きたてのパンが味わえるトースターなどである。

営業が販売する商品は、自分で開発した商品か、既にある商品である。

その商品が今までにない画期的なものだったり、今までもあるが今までとは全く目的が違うような商品の場合とそうでない商品の場合では売り方が違ってくる。前者は今までと違うものなので、どう伝えて広めていくのか宣伝の作戦が大事になってくる。後者の場合、購買側がちょうど買うタイミングなら売りやすいが、そうではなく、今持っているものを買い替えたり、見直したりというのは商品力で差別化できる要素が少なくなってくればくるほど、難しくなる。

そんな中で、保険といった世帯加入率が90％近くある商品で、商品の差別化が難しく、さらに販売員の数も多い商品を継続的に販売していくのは簡単なことではない。

営業が売り歩くプッシュ型の営業から、聞きたいという人に対して営業をするプル型の営業に徐々に移行をしているとは言え、まだ当分は変わらず、こちらは売ろうとしなくても保険の話をすると相手は「売られる」と構えると捉えた方がいい。そして、売られると思われてはいけない。〝この人から聞いた方がいい〟〝この人に聞きたい〟と思わせなければいけない。

そのためには、「この人はできる」と初対面で相手に印象を与えることができれば早い。人は会った瞬間に無意識である程度、その人のことを判断している。ではなにをもって判断しているのかと言えば、外見と表情だ。精神状態が表情に表れ、立ち居振る舞いに出る。

自信のなさそうな人は自信のなさそうな表情をしているし、売れそうな人は自信に溢れた表情をしている。売れれば自信が持てるなんて言っていてはいけない。誰もが最初は実績ゼロである。売れないと自信が持てないということなら、誰もが最初は自信がないということになる。しかし、実績がないのに、やたらと自信がありそうな人がいる。なぜそんなに自信が持てるのかと言えば、過去からやればできると思い、成功体験を重ねてきたからに過ぎない。たとえ、成功体験がないという人でも今から「私ならできる」と思うことだ。

生まれつき自信を持っている人もいるが、それはごく少数で「私ならできる」と自分に言い聞かせ続けて自信を持つように心がけている人が大半である。もし、できると断定することができないという人は、「できるんじゃない？」という投げかけでも効果があるように思う。

これは私の実体験だが、20代前半の頃、あることに対して自分にできるという自信がどうしても持てなかった。できると思い込もうとしても、できないという心の声が返ってくる。良いイメージを持とうとすると、苦しくなるわけだから、これは正直つらかった。

こういう思考を繰り返していたら、「できるんじゃない？」という言葉がすっと浮かんだ。

「できる」と思うとしんどいなら、「できるんじゃない?」と思えばいい。そうするとできるような気がしてくる。

自信がないから学ぶ気持ちが湧いてくる。だから自信がないことは悪いことではない。しかし、営業としてお客さんに会う時は自信を持たないとダメだ。仮に普段は私になんてできないと自己評価を低く考えてしまう人でも、営業の時、ここ一番の時は自己評価を目一杯上げて臨む。

これから外見を良くするということを伝えるが、いくら外面を良くしても、自信がない表情だと、それが立ち居振る舞いに出てしまい効果が出ない。自信を持てと言っているのではない、自信がなくてもあるように振る舞うということだ。営業の時ぐらいは自分の能力を自分で強く信じることだ。自分の能力を信じきれる人は自分しかいない。誰も信じてくれなくても、自分だけは自分のことを信じることを忘れてはいけない。

見た目をうまく使って優位な立場に立つ

既に外見が第一印象にとって重要であることは伝えた。外見といっても服装だけではなく、髪型、立ち居振る舞いなどさまざまだ。

洋服や髪形は清潔感があることも大事である。いくら明るい印象を与える洋服を着ても、皺しわなシャツや襟元が黄ばんでいれば台無しだし、髪型もボサボサだったり、清潔感がなければ印象は良くないことは言うまでもない。

洋服に関しては明るい色の服を選ぶことに加えて、斎藤一人さんから学んだことに「押し出し」というのがある。詳しくは、『斎藤一人　誰でも成功できる押し出しの法則（ＫＫロングセラーズ）』を読んでもらいたいが、分かり易く言えば、相手に舐められないようにするということである。心でそう思うだけでなく、外見で舐められないようにするという意味がある。

例えば、あなたが何かの営業を受けることになり、ある場所で待ち合わせることになったとしよう。その時に相手が指定した場所が高級ホテルのロビーの場合と、ガヤガヤしたローコストなカフェの場合とでは、どちらが緊張するだろうか。当然、高級ホテルだ。

待ち合わせが高級ホテルのロビーであろうがローコストのカフェであろうが、相手は何も変わっていない。高級ホテルという場に圧倒されているわけだ。

実はこれ洋服でも同じことができる。斎藤一人さんの話で、ヴィトンの鞄とロレックスの時計は中古でも良いから買えるなら持っておいた方がいいということを聞いたことがある。最初に聞いた時は「そんな見るからに高価だと分かるものを持っていると相手に引かれないのかな」と思った。

どうしてヴィトンやロレックスかと言えば、相手がパッと見て分かるブランドだからで、相手から見て分かりにくいものはダメで、ヴィトンでもモノグラムの定番の柄の鞄がいいということだった。

これもやってみれば分かるが、実際にヴィトンの鞄で営業に行くと、相手はチラッと鞄に目をやる。

僕も営業を受ける際、相手がブランド物を持っていると、「この人できる人だろうな」と思うか、「この人の話なら聞いて見ようかな」と営業を受けるモードになる。

営業を受けるモードというのは、こちらもある程度ブランド慣れをしてくると、凄そうと圧倒されることはなくなってくる代わりに、良い話を聞きたいと思う気持ちが、この人なら大丈夫そうだと無意識に思わせてくれる。

自分が好きな洋服の色や柄があるのと同じように、ブランドも好きな人もいれば興味のない人もいる。好きな人でもヴィトンのモノグラムではないという人もいる。ブランドも好きか嫌いかは関係なく、営業の場での話を優位に進めるのであれば、誰でも知っているブランドをワンポイント身に付けておくことは効果があるということである。

振り子の幅を大きく広げる

私がどうしてヴィトンの鞄やロレックスの時計に対して、相手に引かれるのではないかと思ったか。

それは私が、ブランド品を身に付けている人に、いかにも成金といったイメージを持っていたからである。見せびらかすような人や、どうだどうだといった態度の人を想像したのだが、そういう人は当たり前だが好かれない。

保険の営業も一般的には敬遠されがちだが、保険商品自体が嫌われているのかといえば、そうではない。保険自体は必要だと多くの人は思っている。嫌われているのは、しつこいセールスをしている人である。

ブランドも同じで、長い歴史もあるし、製品も素材が良かったり、丈夫だったり、製品自体が悪いということはない。

ポルシェの話ではないが、ブランド品を身に付けている人で、腰が低く、礼儀正しく、愛想が良かったら、どういう印象をもつだろうか。ブランド品を身に付けてない人と比べると魅力的な人に映るはずである。これを振り子の法則と言う。

振り子のボールを中央から左に引っ張った後、手を放すと右に振れる。左に引っ張る力を大きくすることによって振り子は右に大きく振れる。

ブランド品を身に付けた人というのは、そうでない人よりも左に振れている状態にある。この状態だと、私が成金で偉そうなイメージを持ってしまいそうに構えてしまう人もいると思う。構えられるということは、振り子が大きく左に振れている状態である。

これは実はマイナスではない。トップセールスの人はこのことを知っている。振り子が左に大きく振れているということは、実はとても良い状態にある。

一見、成金かと思った人が、とても腰が低く、礼儀正しく、愛想がいい、と言うようにとびきり謙虚だったらどう感じるだろうか。私なら、最初に感じた印象とは真逆の印象を受けることで、その人を凄い人だと思ってしまう。このギャップをトップセールスの人はうまく使っている。強面の人が、さり気なく優しい対応をするなども同様である。

謙虚そうに見える人が謙虚なら普通である。普通ならいい方で、謙虚そうに見える人が謙虚でなかったら生意気だと思われることがある。逆に謙虚な人は何でも言いやすいと、舐められることも多い。

初対面でどう対応されるかは、どう見られるかによって決まる。どんな対応をされたいのかを決めることで、見せ方を変えればいい。

僕は出かける時の服装にこだわりがない方で、ある時、部屋着のような服装であるブランド店に入ったことがある。店には数名のお客さんがいたが店員さんの人数の方が多かった。それなのに、僕には誰も接客に付いてくれない。商品を手に取って見てみるも、店員さんが「気になるものがございましたら言ってくださいね」と言って離れていった。

その日は買わず、数週間後、友人の結婚式に出席する前に同じ店に寄った。その時は、スーツを着て、そのブランドの鞄を持っていた。そうすると、店に入るなり、店員の人が僕に付いた。その後も丁寧に商品を紹介してくれたことは言うまでもない。

僕という個人は何も変わっていない。ただ、服装が変わっただけだが、相手の反応は180度違った。どう見られるかで対応は変わる。

僕が謙虚だったからかどうかは分からないが、今はその店の担当の人から毎月、出勤日がメールで送られてくるので、少しでも気になる商品があれば気軽に聞くことができる。外見は良く見えて、中身は謙虚で思いやりがあれば人間関係はうまくいく。

3つのトークで聞く姿勢になる

初対面で保険の話を聞こうとしていない人に、話を聞いてみようという姿勢にするにはコツがある。相手が話を聞く姿勢になる前に情熱的に保険の必要性を話してもいけない。情熱は必要だが話すには順番がある。

話を聞いてもらおうと思えば、関心を持ってもらうことがスタートとなる。関心がないことを聞かされることほど苦痛なことはない。商談でも相手の話に関心がなければ、どうやって話題を切り替えようとか、早く終わってほしい、など相手の話は聞いているようで、早くこの場を終えることばかり考えてしまう。

営業のはじめは情報提供だと言う人がいる。情報を提供することで、関心がなかった人が関心を持つようになる。もし提供した情報に関心がなくても、継続的に情報を提供していくことで、検討する時には相談してもらえる関係づくりをすることが目的だろう。

このやり方を顧客視点で見てみると、ほしい情報なら教えてほしいが、興味のない情報は時間を取って聞きたくないというのが本音だ。メールなどで提供される情報であれば、読むかどうかは自分で判断できるし、必要のない情報だと思えば、配信を中止することもできる。

しかし、会った際に関心のない話をされると苦痛となる。情報提供をするなら、相手にとってためになる、役に立つ情報だと自信を持って言えるものでなくてはいけない。

初対面の場合、相手が何に関心があるのか、どういう情報がほしいのか分からないので、情報提供というやり方は難しい。

初対面の人に、保険について関心を持ってもらうのには情報提供ではない。質問にある。

こういう話を営業研修でするると、「知らない人に質問をするといっても何を聞けばいいのでしょうか?」、「生年月日を聞けばいいんですか?」といった質問があった。

営業が苦手な人は質問を難しく考える。相手によって何を聞こう、これを話せば関心を示すだろうかと考え過ぎて答えが出ない。

営業が得意な人は相手によって何を聞こうかと考えない。実は質問することは、事前に決めている。誰に対しても同じ質問なので、とても簡単だ。

例えば、

1. 「生命保険に入っていますか?」(YESを得るための質問)
2. 「ちゃんと得をしていますか?」(意外性の質問)
3. 「そうなんですか。もったいない!」(続きが知りたくなる回答)

質問の内容よりも、考え方を習得してほしい。考え方が分かっていれば内容はアレンジが効く。

まず、「生命保険に入っていますか?」と聞くと大抵の人は「はい」と答える。そこで、「そうですか…実は…」と保険の話を聞いて欲しそうな答えをするとうまくいかない。次に意外性のある質問をする。この場合、「ちゃんと得をしていますか?」が意外性の質問にあたる。

大抵の人は保険で得をするという発想がないので、脳が「保険で得する?」と混乱する。

「え？　保険で得する？」といった回答が多い。

3つ目に「え？　得していませんか？　もったいないですね」といったことを伝える。大事なことはこれ以上のことは相手からのオファーがない限り話さないこと。営業が苦手な人ほど、「実はですね、」と先に営業モードに入ってしまう。ここは相手の反応をグッと待つ。相手は「もったいないとはどういうことか」気になっているので、聞いてくる。もし聞いてこなくてもどこか気になっているので印象には深く残る。

僕は同窓会や飲み会の席では、3つのトークを使うことがあるが、ほぼ全員が、「何それ」、「どうすればいいの」、と聞いてくる。聞かれたら答える。これだと、売込みだと思われない。投げかければ相手が必ず関心を抱く鉄板の質問を持つと、人と会うのが面白くなる。

身近な人にこそ伝えたい

どんな職業でも自分が扱っている商品を身近な人に勧められない理由があるだろうか。保険の営業を始める時は、話を聞いてもらう人のリストを作るよう指示されることがある。

僕も何十人もの営業パーソンのリストを見たことがある。業界未経験の人、経験者の人とさまざまだが、リストを見れば、売れない人は見抜けるようになった。

リストが一通りできた段階で、どの人から話をするのか優先順位を付けてもらうのだが、売れる人は身近な人から優先順位が高く、売れずに苦労する人は遠くの人から優先順位が高い。

僕はどうして身近な人から話をしにいかないのか問う。

異業種交流会で知り合った人より、取引先や前職の同僚だろうし、取引先や前職の同僚より友人、そして友人より親族という順になぜならないのか。

大抵の答えは、友人に嫌われたくないといった類のものと、仕事とプライベートは別に考えているといった類のものだ。

ハッキリ言えば、このような気持ちでやって売れるようになるはずがない。

まず、どうして嫌われるのだろうか。あなたが本当に相手のことを考えた結果、必要でかつメリットのある商品を持っているのなら、相手に伝えることが、あなたが保険という仕事をする使命ではないだろうか。

嫌われると思ってしまう人は、本気で相手のことを考えていない。本気で相手のことを考えれば、心から勧められるものが出てくる。

次に、仕事とプライベートを分けると言う人だが、扱っている商品が友人や知人に関係のない商品ならまだ分かる。しかし、友人や知人に関係が深い商品を扱っているのに提案しないというのは理解できない。

友人を大事だと思うのであれば、あなたが友人のことを誰よりも考えて伝えてあげないと友人が将来、困ったり、後悔するかもしれない。それでもいいと思ってはいないはずだ。何でもまずは中心からだ。中がスカスカな状態で外から攻めても、あっち行き、こっち行き、と生産性も悪く長く続かない。

友人に行きにくい理由を大きく3つに集約すると、友人の間で売り込みの評判が立つ恐れ、契約しないといけないと相手に気を遣わせる恐れ、提案が断られる恐れ、だろう。仕事とプライベートを分けているという人も、友人の方から保険の話が聞きたいと言われれば、断らないのだから、自分の身近なマーケットには営業したくないという気持ちの裏返しに過ぎない。

あなたはそこから逃げてはいけない。そこから逃げて異業種交流会に出たり、ほとんど面識もない人に話を聞いてもらおうとしても、より苦労する。使命感もない分、肉体的な苦労だけでなく、精神的な観点からも、何をやっているのだろうという気持ちになる。

中でも経験者の人は身近な人に行きづらいという人が多い。既に前職の時に信頼して契約を貰っているのに、転職をしたということも言いづらいのに、保険の見直しの提案は余計にしにくい。確かにそういう気持ちは理解できる。

しかし、どうして転職したのだろう。提案できる商品がよりお客さんのニーズに合っていると思ったから、より働きやすい会社でお客さんに貢献できることが増えるから、など、お客さんのことも考えた上で、今よりも良い環境へ転職を決めたのではなかっただろうか。

答えは簡単だ。それをお客さんに伝えればいい。きっと分かってくれる。

もし、考えもなく転職を繰り返しているのなら、考えを改めなくてはいけない。本当に一生涯お客さんと寄り添う気持ちがあるのか真剣に考えてみるべきだ。

考えて覚悟が決まればやることは同じである。今までの考えを正直に謝罪し、これからの覚悟を買ってもらう。中には契約が切れる人もいるかもしれない。それでも、同じ過去は繰り返さないと悔しさをバネにして、未来に向けて信頼を一から築き直すと誓えばいい。

売れる人のプレゼン力

売れる人というのは自分だけでなく会社のプレゼンがうまい。

自分のことをプレゼンするためには、仕事への誇りがなくてはいけない。仕事がうまくいっている時だけでなく、たとえそうでない時も、誇りを忘れてはいけない。

保険だけでなく、どんな仕事でも誇りがなければ、うまくいかない。

儲かればいい、ある程度の豊かな生活ができればいいと自分の都合だけで仕事をしていると、好不調に影響される。仕事がうまくいかなくなると、仕事のことが嫌になったり、仕事を辞めようかと考えるようになる。

「なぜ今の仕事をするのか？」という理由について目先だけでなく、軸となるビジョンがある人は強い。なぜなら、目先の出来事に一喜一憂せず、目指すビジョンがつらい時に力になってくれるからだ。一つひとつの仕事を作業としてこなすのではなく、なぜやるのか、どういう能力が身に付くのか、誰が喜んでくれるのか、仕事に理由を持たせるようになる。

仕事に誇りを持っている人は商品や会社のプレゼンもうまい。商品や会社が好きだから、仕事に誇りを持てる。

営業の成績が挙がらない人と面談をすると、よく聞く言葉に「保険の仕事は好きです」という言葉がある。

保険は好きだけど売れないということだが、これはあり得ない。本当に好きなら会う人、会う人に話したくなるものだ。しかし、好きと言いながら成績が挙がらない人というのは、好きという気持ちに溢れていない。

保険のことは好きなのは事実のはずだ。しかし、その好きが漠然としている状態だ。使命感と会社と結び付けられている人は意外と少ない。保険のことが好きな人に会社のことはどうかと聞いてみると言葉に詰まる人は多い。

売れる人は、会社のことも好きだが、売れない人はそうでもない。しかし、会社のことが好きじゃなくて、仕事に誇りを持てるだろうか。会社とは合わないが、今の仕事は好きだという人は、転職するか自分でやるものである。会社に在籍していながら、会社のことは好きじゃないけど仕事は好きだと言っていると、いつまで経っても売れるようにはならない。仕事が好きという好きの中には会社のことや商品のことも含まれる。

お客さんの立場になって考えれば、会社の不平不満を言っている人や、不平不満を持っている人から契約をしようと思わないはずだ。仕事がうまくいくから仕事が好きという順ではない。仕事を好きになることで、好きになれないなら、好きだと思うこと、今つらくても将来のビジョンをしっかりと持つことで、仕事がうまくいく糸口ができる。逆じゃない。

自分の会社のことを自慢できる人は魅力的である。

プルデンシャル信託株式会社の本多社長にお会いした時のことである。本多社長は信託が日本においてなぜ必要なのかについて、「仮に知的障害のお子さんがいらっしゃる場合、両親が健在の時はいいが、将来もし不幸があった時に、子供に残した保険金が、ご両親の想いどおり適切に使われないかもしれない。そんな心配を保険金の部分だけでもなくしたい。われわれが、この信託を独り占めしようなんて考えていない。欧米では当たり前の生命保険と信託とのコラボレーションを、この日本でも広めていく。その先駆者となることが使命だ」と

10分ぐらい熱心に想いを話してくれた。

社長だから話せるということではなく、一人ひとりが自分が働いている会社について、想いや魅力を情熱を持って伝えることで相手の心に響く。

自分のビジョンと会社のビジョンが一致していれば、会社に対し改善してほしい部分が多少あっても会社のことが好きな気持ちの方が勝る。

相手のことを聞く前に自己開示

営業では聞く力が大切だと言われる。これはもっともなことだ。ただし、提案に入ってから〝以降は〟聞く力が大切だ。

聞く力が大切だからと、最初から相手が話し出すのを待っていては会話が成り立たない。最初から聞くことばかり考えている人は、相手が話し好きで話しかけてくれればいいが、そうでなく、相手が物静かだと、どうしていいか分からなくなる。

来店型ショップや提案型営業の際に使うツールに、ヒアリングシートがある。受付表がヒアリングシートの役割を兼務している場合もあるが、ヒアリングシートは相手のことを聞くためのツールではない。正しくはヒアリングシートを使いながら自己紹介をするツールである。よく商談の前にこちらをご記入下さいと記入を依頼している人がいるが、お客さんからすれば個人情報の詳細を初対面の人の前で記入させられることに違和感を覚えるだろう。

本来はお客さんとの会話の中で聞いたことを書きとめるのが正しい使い方である。

では、どうすれば、お客さんが自分のことをいろいろ話してくれるだろうか。聞く姿勢になっているだけで知りたいことを話してくれるはずがない。聞くためには質問がいる。それも個人情報を聞くのであれば、どういう手順で、どういう聞き方をするか、質問力が大切になる。聞く力とは質問する力である。

質問する力を身に付けるには、自分に質問し続けてみることだ。「私はどうしたいのか?」と自分に聞いてみると、「…どうしたいと言われても…?」と返ってくるのではないだろうか。これは質問の仕方が下手な例だ。例えば、同じことを聞いても、「今年、何か一つやり遂げたい、何が候補だろうか」と質問すれば、いくつかアイデアが浮かぶ。このように自分に質問していると、どう問いかければ、答えやすいのかが分かってくる。

質問する力が未熟な内は、とにかく自分のことをまず話すといい。

「何歳ですか?」と聞く前に、「私は今でもたまにサッカーをするのですが、Jリーグが開幕した時は中学生でした。あの時は凄かったですが、○○さんもJリーグ世代ですか?」と言ったように自分のことを話しながら相手に聞いていくと聞かれた方も答えやすい。

「何歳ですか?」、「家族構成は?」、「生年月日は?」とストレートに質問し続けると、何だか尋問しているような雰囲気になる。尋問にならないようにするには、一方的に聞かないことだが、聞こうという姿勢の人ほど、自分のことを話すのではなく、相手に話してもらうという気持ちが強いため、一方的な質問になりがちになる。

営業で提案やクロージングに入る時は、一呼吸おいて、相手の反応を見る。ここで情報を提供しすぎたり、断られたくないがゆえに話してしまうのはいけない。

しかし、人間関係を築く段階と相手に考え方を伝える段階では、相手から聞かれるまで話さないという姿勢だと商談が盛り上がらないし、進まない。

特に人間関係を築く段階では、自分の心を広げる自己開示が大切になる。僕も初対面の人に自分のことを話すのは照れる。過去の体験や失敗談は、慣れるまでは話しづらかった。しかし、自分が話しづらいということを心を広げて話すことに相手との距離感を縮める効果があるのも事実である。

人の懐に入るのが早い人は、自己開示力が高い。自己紹介の時点で空気が和めば、保険に対する考え方を、あなたから伝えても会話は弾む。

こんな人はいないと思うが、「何が聞きたいですか?」というような質問は全く駄目だ。いないと思うと述べたのは、実際にいたからである。理由を聞くと、自分から話すと売り込みのように思われると思ったので、相手が聞きたいことを話そうと思ったそうだ。相手から相談の依頼があるならまだしも、こちらから話を聞いてもらう場をセッティングしているにも関わらずだ。

相手からすれば、ある程度、話を聞いてみないと、何を聞いていいか、質問や疑問すら分からないので、突然なにか質問はと聞かれても答えようがなく困ってしまう。

聞くのが大切になるのは、考え方や基礎知識を伝えた上で、提案とクロージングを行う時である。

商品の魅力をあなた流に磨き込む

自分のこと、会社のこと、そして見落としてはいけないのが商品だ。

この人から入りたい、と思ってもらえば商品は何でもいいと思っている人がいる。大きな流れで見ると、保険商品も差別化されていたものが売り止めになったり、他社が同じような商品を販売したりと、確かに大きな違いはなくなっている傾向にある。

しかし、世の中に存在する商品で他社と比べて特段に差がある商品は少ない。画期的な商品が発売されても、すぐに似たような商品が他社から発売される。

どの業界を見ても微差で勝負している。冷蔵庫にしても、圧倒的な違いは分からない。細かい部分の特徴が各社違うだけで、基本機能はほぼ同じである。家電商品だけでなく、自動車も一部の高級自動車を除けば同じことが言える。日用品に関しては、どれも大差がない時代なのだ。

では、消費者側とすれば、大差がないならどれでもよく、価格が安ければそれに決めるだろうか。最終的な判断として価格は重要な判断要素になるが、まずは細かい性能の違いを確認するはずだ。

商品内容は購入する上でとても重要な要素になる。保険商品が分かりにくいといわれた時代も終わり、保険の話が聞ける保険ショップが増えたこと、ネットで個人でも専門家同様の情報が取れることから、今後はより一層、商品の内容も納得した上で保険の契約をする人が増える。

確かに誰から買うか、どの会社から買うかといったことも大事ではあるが、それで商品は二の次ということでもなく、どちらも同じように大切になる。

自分が取り扱っている商品の魅力を説明できるだろうか。それは他社の商品と比べると競争力はあるだろうか。保険の営業パーソンの研修をしていて、いつも不思議に思うことの一つに自社の商品やよく提案する商品は知っていても、他社の商品や、普段はあまり提案しない商品のことは知らない人が多いことだ。

もしあなたが他社の商品は詳しくないと思ったら、今すぐ、他社の商品の研究も始めた方がいい。なぜかと言えば、お客さんは、あなたが提案する商品だけを見て、良し悪しを判断するのではなく、他社の商品とも比較しながら、最終的に決めるからである。特定の商品だけしか知らずに、選ばれる提案ができるはずがない。

他社の商品も踏まえた中で、あなたが提案する商品の魅力はどこにあるのか、どういう部分が特徴的なのかを学ぶべきだ。また、他社だけでなく、お客さんは何を求めているのか、どういう不安や想いを持っているのか消費者のことも知らなければいけない。

消費者のことや、他社の商品を研究しつつ、提案する商品はどうなのか突き詰め、考えた上で提案すると、相手もあなたのことを他の多数の営業パーソンとは違うと分かるようになる。

さらに、保険というと商品は価格も内容も決まっているから、商品には手を付け加えることができないので差別化することができないと思っている人が圧倒的多数だ。

ここで、一部の人が使っている商品での差別化について教える。これはやっている人とすれば、それも教えるの?と思うはずだ。

商品の差別化は商品自体でするのではなく、提案の魅せ方で差別化する。どういうことかと言えば、全国民のデータは国のいろんな機関が発表している。平均の入院日数や癌に罹る人の割合であったりだ。

これは業界にいる人からすれば参考になるデータだが、消費者からすれば、リアリティに欠ける。欠けるというより、もっとリアリティをあなたなら出せるはずだ。

例えば、あなたがホームとする商圏が15万世帯なら、その人たちは、どう考えているのか、商圏内にある病院の先生はどういう考えなのか、独自の統計を取ることもできるし、お客さんの声を集めれば、近所の人もあなたが提案している保険を気に入っているという客観的意見を集めることさえも可能である。

あなたが集めた情報を営業ツールにすることによって、他の人にはできない、あなたが対象とするお客さんにとって、よりリアリティのある提案ができるようになる。

第五章　お客さんを見つけるのに困らない営業

行く所がないという錯覚

紹介は縦の繋がりを意識して

保険の営業を始めて3か月ぐらいすると、訪問先がなくなり出す人が多い。そして、退職した人が持っていたお客さんを回ってみても、連絡しても繋がらなかったり、会うことが思いのほか難しい。会ったら会ったでむげに接せられることも多い。この宝のように見えた退職者の顧客マーケットも足が重くなる。これが大体半年ぐらい。

そこからは異業種交流会など新規顧客に会える所に積極的に足を運ぶようになる。ところが、同じ保険の営業パーソンもそういう場には出ている。名刺交換にお金を使っているようなもので、具体的な商談に繋がることは稀である。

異業種交流会やセミナーなど、新規顧客に出会う場所に行くのは、営業に自信が付いてからの方がいい。売れる人が行くと売れる。売れる人は、もちろんそれが分かっている。出席したことがある人なら、誰に声をかけようか迷っているあなたをよそ目に、楽しそうに色んな人と話している同業者を目にしたことはないだろうか。

営業は確率論なので、動き回れば多少の成果は出る。行動をしないと成果はゼロだから、行くところがないから、とにかく顔を出すというあなたは偉い。しかし、あまりにヒット率が低いと精神的にも金銭的にもつらくなってくる。つらくなっている時に同業者がいる場所で勝負をしても勝ち目は低い。

特に営業を始めた頃は、次の手順に営業をかけるといい。

まずは家族や友人など、あなたの身近な大切な人である。理由は先に述べた通りだが、ここが行けないという人は、この仕事をする資格がないと考えてもいい。

次に行くべき所は、友人の両親である。

保険の場合、紹介というと友人など横に広げようとするが、もっと大切なのは祖父母・両親・子供・孫など縦の繋がりである。

僕も自分の保険を20代後半で見直した時に、ふと両親の保険が気になった。家に帰り、両親に保険のことを聞いて見ると、加入しているものの内容はほとんど分かっていなかった。内容を確認してみると、思った以上に加入していた。しかし、内容を見ると見直した方が良さそうなものが多く大半を見直した。

僕の立場で言えば、自分の保険は万全になった。もし僕が大病をしてしまっても金銭的に困ることはなさそうである。しかし、年齢的に言えば、僕より病気をする確率は両親の方が高く、亡くなる順番も年齢から考えると両親の方が早い。もし、両親が大病をしたら、最高の治療を受けさせたい。両親が加入している保険の保険金で賄えればいいが、もしも保険で対応できない場合は貯金で対応するしかない。

もし両親の貯金が十分なければどうなるのか。最低限、受けられる治療で我慢するか、もしくは、子どもである僕と妹がお金を出し合って良い治療を受けてもらうかどちらかになる。

そう考えると、自分の保険も大切だが、両親の保険も自分の保険と同じぐらい大切だと気が付く。

とにかく紹介は横でだけでなく縦が大事だ。30代ぐらいの友人の保険を見てあげるなら、その友人の両親の保険だし、50代ぐらいの方の保険を見てあげるなら、その子供の保険になる。

友人とその両親の保険を確認していくと、広い意味での家計全体の保険を任されるので、紹介が出てくるはずだが、それでも行く先がないという場合は、既契約者により満足してもらえることに時間をかければいい。

満足が感動になれば、口コミで広がったり、追加で入ったり、紹介してくれたり、新規にも繋がる。

ウルトラCを考える人

売れる人は現実的なことを考える。それもわりとマイナスぎみに考えるか、苦労するという覚悟を持って取り組んでいる。最初から苦労すると思ってやれば、少々大変なことが起きても乗り切れる。

売れない人は現実的でないことを期待する。どう考えても見込みが薄いお客さんから契約が取れたらとか、まだ商談前のお客さんに期待通りの大型契約が取れたらとか、何かいけそうな気がするといった幻想までさまざまある。

また、人は困ると、即効性のある解決策を探し出す。本屋さんに行って営業本を買ってきたり、即使えるノウハウを吸収しようとセミナーに参加したりするが、参考になる情報が2～3取れれば上出来で、期待した即効性のある解決策は得られないことがほとんどである。

自分の課題が解決するようにと、本やセミナーに手を伸ばすと、本やセミナーに時間を使った分、仕事に充てる時間が減ってしまい、余計に自分の首が締まってしまうことすらある。

本やセミナーなどは参考になる情報があればいいという余裕を持った状態で学ぶといい。実際に一冊の本や一つのセミナーで参考になる情報が2～3あれば十分である。

どんなに追い込まれても、何かに縋（すが）りたい気持ちになっても、安易な解決方法はなく、一つひとつ考え、上司や先輩など信頼できる人に相談しながら、事を前に進めることが、課題を乗り越える最短の道なのだ。

しかし、人は追い込まれたり、何かに縋（すが）りたい気持ちになると、足が前に出ずに、立ち止まって悩んでしまいがちである。

冷静になって考える時間を取るのはいいが、日中や仕事をする時間に考えない方がいい。それは考えているのではなく悩んでいる状態だ。

悩んだからといって素晴らしいアイデアが出るわけではなく、素晴らしいアイデアは、行動を繰り返している中で浮かぶことの方が多い。考えるのは仕事が終わって、お風呂に入っている時や、寝る前がいい。僕も寝る前に考えて寝ると、朝にアイデアが浮かぶことが多い。

営業でウルトラCはない。このことを頭に入れておいてほしい。考えて行動するより、行動しながら仮説を立て、検証していくことで、経験に基づいた考えが身に付いてくる。行動量を多くして、より多くの経験を積むことが大切である。

特に不調な時、悩んでいる時ほど、立ち止まるのではなく、行動量を意識することだ。

自分のホームで勝負する

スポーツの世界ではホームとアウェーがある。ニュースを観ていて衝撃を受けたことがある。サッカーの試合で力の差が歴然としていても、アウェーで勝つことは難しいという。確かに観客の声援は力になると思うが、集中している中で声援を意識しているのだろうかと思っていたのだ。僕は正直、ホームでもアウェーでも力の差の通りにならないとおかしいと思っていたし、調整に失敗しているだけじゃないかとさえ思っていた。

しかし、自分で経験して、ホームとアウェーというのはどうもありそうだということが分かった。

ある企業から講演を受けたことがあった。今まで話したことのないテーマでの講演依頼だったが、僕は受けた。内面、分からなくもないし何とでもなるだろうと思っていたし、実際、話す内容も事前に固めて当日の講演に臨んだ。

当日会場に入ると、参加者の客層も普段とは違い、知っている人は一人もいなかった。テーマが違うのだから当然なのだが、会場に入り、少しずつ気持ちがそわそわしだした。普段、僕が得意とするテーマで講演の依頼がくるし、参加者の中には一人や二人は知っている人がいるのが普通なので、今回はまさに僕にとってまさにアウェーな環境だった。

実際に話してみると、受けているのか、よく分からず、どんどん緊張をしてきた。普段なら講演で緊張するということはないのだが、汗が出てきて30分くらいは自分でも何を話しているか分からなかった。

話す内容は準備をしてきたし、リハーサルもしたので問題はなかったはずだ。緊張した理由は、あきらかに聴衆だった。とはいっても聴衆の態度が悪いとかということではない。ほとんどの人が僕のことを知らなかったに違いない。どんな話をするんだろう、どんな奴なんだろう、と見られている視線で、すっかり緊張してしまった。

自分の得意な分野や詳しい分野、仲間やファンがいる場所というのはやはりやり易い。応援してくれるというより、応援がなくてもリラックスできているので本来の力が出せる。

おそらく営業でも同じことが言える。自分の力が一番出せる場所で勝負をした方がいい。例えば、1万世帯の商圏の中で10世帯の契約があるより、100世帯の商圏の中で10世帯の契約がある方が、あなたの影響力が強くなり、法人の場合なら、様々な業種で10社契約があるより、特定の業種で特定の商圏で10社の契約がある方が影響力がある。

営業では、影響力があることは武器である。あの人も加入している人、あの企業も任せている人だとなるからだ。

誰を顧客にするのかという対象設定することも大切だが、どの商圏で闘うかという商圏設定も重要となる。

商圏とはホームだと捉えてほしい。要は、自分の本拠地はどこか?ということだ。

当然だがホームでは負けたくない。この地域なら、あなたのことを知らない人はいないと言われる地域を作ったり、この業種ならあなたより詳しい人はいないという業種を持とう。

商圏は最初から広く設定する必要はない。極端だが、近所20世帯の中で10世帯がお客さんになれば半数があなたから契約をしているということになる。その中では圧倒的な一番である。最初から1万世帯を対象にすると100世帯契約しても1%なので影響力は全くでない。

自分の契約者の多いエリアや市場、業界をゲーム感覚で意識してつくると面白い。

僕の友人で、ある企業の社員の契約を意識して増やしている人がいる。社員数100名ほどの企業だが、そのうち28人から契約をもらっている。

シェアでいうと28%程だ。特定の市場で10%を超えてくれれば、紹介が起こりやすい。友人の場合も10名を超えてきたぐらいから紹介が自然と起こるようになった。もちろん、社員だけの紹介ではなく、家族や友人の紹介も出ている。

紹介や口コミが発生するメカニズム

僕は紹介や口コミは自然に発生する方がいいと思っている。契約をもらった際に、「誰か紹介してくれませんか？」とストレートに言えるならいいが、僕ならきっと言えないだろうと思う。また、友人から「誰か紹介してほしい」と言われると困ってしまうと思う。

まだ柔らかく言ってくれればいいが、本気で紹介を得たいと思っている人は、柔らかくなんて言わないだろう。

その場で紹介してもらおうとすれば、真剣に「紹介してほしい」と伝え、相手が「うん」と言うまではじっと黙っているぐらいしないとダメだろう。

もし、「誰かいたら紹介してくれると助かる」という言い方だと、「またいたら言うわ」と言った答えが大半だろう。頼まれる側からすれば、柔らかく言ってくれた方が気は楽だが、頼む方はうまく紹介が獲得できないだろう。

ストレートに言える人は言ってもいいが、ストレートに言われて嬉しいという人はいないんじゃないかと思う。

やはり自然と紹介してくれたり、広めてくれるのが理想的だろう。実際に紹介や口コミが継続的に出ている人は、契約の度に「紹介をお願いします。」と言っているわけではない。かといって、何もしていないのに紹介や口コミが継続的に発生し続けているわけでもない。

意図的にやっている人もいれば、本人は意図的だと思ってなくやっている場合もあるが、いずれにしても紹介や口コミが継続的に発生する人は、いくつかの仕掛けを実行している。

両親の保険まで見るにしても、契約時に「ご両親の保険の内容も確認しませんか？」という話し方ではヒット率は低い。この場合の仕掛けというのは、最初の商談に入る際、両親の保険の内容は把握しているかどうか、両親の保険も内容は確認しておいた方がいい、というのとを刷り込んでしまうことだ。

次の提案する機会の時に、両親の保険の内容を確認してみたかどうかも確認する。その上で、お客さんに最適なコンサルティングを行うと、自分と同じような保険を両親も備えているのかどうか気になり出す。

あとは、契約の手続きの際に、両親も近くに住んでいるのであれば、一緒に話を聞いてもらえばいいし、日程が合わない場合でも、せめて両親の保険証券は持ってきてもらうか、写真を撮ってきてもらえる確率は高い。ここまで流れをつくっていれば、どこの保険会社で加入しているかぐらいは確認してきてくれる。

もし、お客さんの保険の受取人が両親の場合は、受取人である両親に対して、お客さんが加入した内容や理由を保全キットのようなもので伝えることによって、両親も保険の内容に関心を持つようになる。

このように、お客さんのことを深く考えて計画的に布石を打っていくことで、紹介や、口コミは強引にではなく、無理なく発生させる方法はいくらでもある。

自分コミュニティ

紹介や口コミを継続的に発生させるには定期的な接触が必要となる。それも自分勝手な接触ではなく、相手にとって精神的負担のない接触でかつ内容も良いということを心掛けないといけないのは述べた通りだ。

精神的負担のない接触とはＳＮＳやメール等である。人はＳＮＳ＜ブログやメルマガ＜メール＜電話＜会うの順に精神的ストレスがかかる。会いに来られたり、電話がかかってくると、何の用かな、営業かなと思う。メールも自分宛に送られてきたものは返信しないと何か気になる。その点、メルマガやブログ、ＳＮＳへの書き込みは、自分だけに対して書かれているわけではなく、読んでも読まなくてもいいので気楽である。

中には接触する頻度を増やせばいいと考えている人もいるが、そうではない。相手から見て価値を感じない接触は時としてマイナス評価となる。また、契約人数が多くなると、全員に対して細かく一律に接触することは物理的に難しくなる。

相手にとって精神的負担がなく、一律に定期的な接触をするにはインターネットを上手に活用するしかない。

ホームページ、ブログ、メルマガ、フェイスブックなどのＳＮＳなど、コンテンツは沢山ある。どれか一つをやるというよりも、ブログで掲載したことはホームページにも反映させ、メルマガやフェイスブックからホームページに誘導する、といったように複数のコンテンツを連動させた方が良い。

２０１０年まではホームページを作りましょうと提案してきた。個人であっても企業であっても、会う前にホームページを見て、どんな人か企業か確認するのが当たり前になるからで、事前の自己紹介としての役割だった。そのため、話の話題の中で出てきたときや、掲載している媒体を見て興味をもった人に見られる程度で、ホームページに新着情報を書き続けても、こまめに確認してくれる人はほどんどいない。これはブログも同じである。

僕も何人も素晴らしい情報を発信している人のブログやホームページを知っているが、定期的に、ブログやホームーページにアクセスする人は３人しかいない。

その点、メルマガは情報が送られてくるのでまだ見やすいし、フェイスブックなどは、特定の人の情報を見るためではなく、繋がっている人みんなの近況を見たり、自分の近況を投稿するために見るので、目にし易い。

その人だけの情報を自分から取りにいくというのは、見たい、知りたいと思わせる情報の質、人としての魅力がないと難しい。

そこまで情報に自信がないなら、半強制的に確認してもらえるメルマガや、誰か一人のためではなく、いろんな人の情報を知るために使われているフェイスブックなどのSNSを活用するのがいい。その上で、ブログやホームページなどとうまく連動させていく。

ちなみに僕が定期的にアクセスしている3人は、みんな更新する曜日を決めている。もし、不定期だったら、見なくなっていたと思う。アクセスしても更新されてないのが数回続くとアクセスしなくなる。だからといって常に更新し続けることは難しい。そこで、何曜日に更新するというのが明確になっている。

更新できなかった時のことを不安に思って明言したくないという人もいるが、明言した方がいい。もちろん、ファンといってもお客さんだから適当はダメだが、どうしても更新できない理由がある日は、できれば、そのことだけでも伝えればいいし、それも無理なら、後からでも理由を伝えれば、みんな納得してくれるはずである。

これからは組織化と個人力とが二極化する。個人の場合は、濃いファンを増やすことだ。そのために、緩やかな会員制のコンテンツを持っておくのがいい。それに使えるのが、メルマガであり、ブログであり、フェイスブックなどのSNSである。

契約数を追いかけるのもいいが、会員数をより意識していくべき時代である。あなたのコミュニティ、自分のコミュニティを築いてほしい。

メルマガにしてもブログにしても、SNSにしてもやった方がいいですか?という相談を受けることもあるが、無料でできるのだからやらない理由はない。もしも、やってみてダメなら撤退コストもかからないのだからやめればいい。

セミナー営業が有効なわけ

営業は大きく2つのスタイルに分けられる。アポイントなしで飛び込み訪問するプッシュ型の営業スタイルと、関心を持ってもらった人に提案するプル型の営業スタイルである。

保険の場合は、まだプッシュ型の営業スタイルも残っているが、世の中の流れはプル型の営業スタイルにある。プッシュ型の営業への規制は今後も厳しくなることはあっても、緩くなることは考えにくいし、消費者の側からとってもプッシュ型の営業を希望している人は極めて少ない。

保険営業については、2005年に施行された個人情報保護法や、2000年頃から出店が始まった保険ショップという業態が絡み合って、プル型の営業スタイルが定着してきている。

プル型の営業スタイルは保険ショップだけでなく、ホームページなどWEBや個別相談のチラシやDM、そしてセミナー営業も2010年あたりからヒットし出した。

保険ショップのことを来店型ショップと言う人が多いが、保険ショップ＝来店型ということではない。お客さんから相談に来てくれる工夫をしているなら、どんな拠点も来店型ショップと言えるし、ショップだけでなくホームページやセミナーなども来店型スタイルのビジネスモデルである。

人員数や資金力の問題で、集客拠点の出店が難しい場合の方法として、セミナーというビジネスモデルが生まれた。僕の記憶だと、保険のセミナー営業がビジネスモデルとして生まれたのは2008年頃からだと思う。

最初は身内に近い状態で決してビジネスモデルとは言えないような小さな活動だったが、2009年頃から一会場で100名近い集客ができるモデルができてきた。

立地選定と告知方法、そして主婦を対象としたマネーセミナーというのが集客がよく、一回当たり50万円ぐらい費用をかければ、50名以上集客ができ、売上も大きく伸びた。

しかし、その後、2010年頃から競合も増え始め、今では工夫をしないと集客に苦心するるだけでなく、参加者からの契約に結びつかなくなった。

当初のやり方とは大きくビジネスモデルを転換しないといけないが、それでもセミナーというモデルは有効な方法の一つだと思っている。

その理由は立場である。知識や知恵を提供する商売は、お客さんとの関係は売り手と買い手ではなく、先生と生徒という立場になった方がいい。

保険のように、手に取って良さが分かったり、目に見えて良さが分かる商品でない場合、売ろうとすれば売れないが、教えようとすれば売れる。不思議だが事実である。

セミナーとは教える営業である。先生という立場だと信頼される。最近ではセミナーを開催する人も増えているので、先生の質が問われ始めているが、それは講師としての力や知識を身に付けていく以外にない。

保険ショップを数件回るお客さんが増えているように、セミナーも数件回るお客さんが出てきてもおかしくない。他と同じセミナーテキストや内容のコピーだと飽きられるだろうが、先生と生徒という関係を築くには知識やスキルの習得をしていくしかない。

寺小屋スタイルの女子会

これまでのように１００名規模を集客するセミナーは、相当立地の条件がよく、告知も単体ではなく名前が知れている企業や顧客を抱えている企業と組んでやらないと、集客が難しくなっている。

一方でここ数年は少人数スタイルで定期的にセミナーを開催している人や企業が増え、場合によっては、他の講師の先生とも組んで、いろんなテーマのセミナーや勉強会を開催している人や企業も増えてきている。

これからは身近な人と身近な場所で開催する勉強会スタイルはニーズにマッチしていると思う。知っている人を中心に一緒に学んでいくというのは受ける方からしても主催者のことをよく知っているということだからストレスがない。

僕自身、保険代理店のコンサルティングで、少人数制のセミナーを企画して行っている企業が数社ある。１回あたりの参加人数は８名～10名ほどである。長い企業だともう、３年以上やっているので、総参加者数は４００名近くになっている。

最初の頃の参加者は、社員の友人、取引先、既契約者が中心だった。セミナーの運営の方法については、それだけで本が一冊書けるボリュームになるので、細かいことは割愛するが、やはり一番大事なのはコンテンツ（内容）である。

つまらない内容のセミナーに行きたい、友人も連れていきたいとは誰だって思わない。面白く、ためになるテーマで内容をつくっていく。面白くというのは、経験も必要なので、最初はためになることに重点をおいて考えるといい。ためになることなら、質問や意見が出てくるので、セミナー自体、講師が一方的に話す一方通行のセミナーではなく、コミュニケーション型になる。少人数制では特にコミュニケーション型で親近感をつくることが大事である。

しかし、実際には、この『ためになる』ということを誤解して講師をしている人が多い。ためになるとは講師の視点ではなく、参加者が感じるかどうかである。

僕もいろんなセミナーに参加したことがあるが、確かにどのセミナーもためになる内容であることは間違いない。しかし、ありきたりな一般論だけや、インパクトに欠けるものだと、記憶に残らないため、次のアクションを起こそうとは思わない。

そこで、「え?・なるほど!・の法則」というのを考えた。一般的で当たり前のことは記憶に残らないが、頭の中で、疑問が浮かぶと、その疑問は解決したくなる。脳は解決しないと落ち着かないのだ。

そこでまず、「え?・」とお客さんが思うことを投げかける。そうすると、理由を知りたくなり聞く姿勢になる。聞く姿勢になっているかどうかは、お客さんを見ていれば分かる。前のめりになり、メモをし出すと聞く姿勢になっているということだ。

「え?・」を投げかけた後は「なるほど!・」と思う理由を伝えるのだ。

最近は言う人も増えたが、例えば、「あなたにとって医療保険は本当に必要ですか?・」という投げかけは、「え?・」を投げかけていることになる。保険のセールスからすれば非常識なトークである。お客さんからしてみると、必要だと思っていたのに必要ないの?という疑問が頭に浮かぶ。あとは考え方を伝えることで、「なるほど、そう考えればいいんですね」と今までの常識とは違う考え方を教えてあげると、あなたに任せたいという気持ちになる。

「え?なるほど!の法則」を30分に1度のペースで入れると反応がいい。セミナーの時間が90分だと3つ、60分だと2つである。

セミナーに限らず、トップセールスの人は「え?なるほど!」の順に会話が構成されている。売り込まずに売る営業の極意とも言える法則である。

一度に大勢の人数を集めようと思えば資金もかかるし、資金がなければ声をかけて呼ぶということになるが、毎回何十人も集めるのは難しい。そこで、少人数でも学ぶ場を提供するコミュニティをつくり、紹介やリピートを増やしていくことが、主催する側も集客に対するストレスなく、楽しくやれる方法だろう。

人が集まり易い仕掛けづくり

セミナーでも勉強会でも、少人数制だからといって何もしなければ、集客はできない。そのためにコミュニティをつくるわけだが、コミュニティには即決を求める狩猟型の営業は合わない。コツコツと温める農耕型の営業じゃないとコミュニティは育たない。

農耕型の営業の場合、契約してくれている人だけでなく、コミュニティにいる見込みの人のメンテナンスも大事になる。営業にはこのメンテナンスが苦手な人が多いため、コミュニティを仕組化できている人は案外少ない。

コミュニティを機能させるには、自分で「決まり」をつくらないといけない。今すぐに何かしないといけないわけではないため、何もしないというのがうまくいかない理由の代表的パターンだからだ。

ブログを開始したが何か月も更新されていないままになっていたり、メルマガは本当に気の向いた時にだけ配信したり、これでもコミュニティは機能しない。

コミュニティは言い換えるとファンクラブのことでもあり会員のことである。会員へのサービスとしてメニュー化をすることが必要であり、それが「決まり」とつくることだ。

ブログを更新する曜日や日にちを決めたり、メルマガを発行する頻度や日を決めたり、なにをいつやるのか、自分のコミュニティのサービス内容をつくってみてほしい。ここがないといくら見込顧客をつくっても穴の開いた水槽と同じでいくら増やしても機能せずに、うまくいかない状態となる。

もう一つ意識して作らないといけないのは、どうやってコミュニティに入ってもらうかの仕掛けである。

集客に苦戦している人の共通点の一つに、見込みとなるタイミングの人への会員誘導率の低さというのがある。

見込みとなるタイミングというのは関心を持った段階である。話をした際に関心をもった場合やセミナーなどの場合は参加してもらった時点で関心はあると判断できる。

この時点で商談に繋げるよりも、コミュニティに入ってもらうことの方が重要度は高い。

メルマガ配信をしている人ならメールアドレスの取得、フェイスブックをしている人なら友達申請やページへのいいねを付けてもらう、ブログならブログのURLと内容の告知などだ。

SNSの場合、新しいSNSができて利用するSNSがそっちに変わるかもしれないので、最低限、変更の少ない携帯の番号とメールアドレスは取得しておくべきである。

どのコンテンツを利用してもいいが、お客さんによってフェイスブックをしている人もいればしていない人もいるし、ブログを見る習慣がない人もいるため、同じ情報でもいいのでメルマガは行うべきだが、そうするとメールアドレスの取得率に拘らなくてはいけない。

集客に苦戦している人は、ここが弱く、すぐ商談に繋がらない人とは疎遠になるケースが多い。

まず、あなたが発信する情報を受け取ってくれるコミュニティをつくり、コミュニティに入りたいと思うような魅力的なサービスや情報を発信していくようにする。そうすれば、セミナーへの参加や個別相談がコミュニティの中から生まれるようになる。

そのためには、３００名以上のメンバーはコミュニティにいる状態を早くつくることだ。数十名しかメンバーがいないと、そこからアクションもでてこない。そうすると発信する側も情報提供は気が向いた時にするようになったり、更新がされなくなり、悪循環に陥る。

コミュニティは、あなたのファンクラブである。活気がないだけで、いくら良い情報を流していても、その価値が伝わらない。

毎月、契約数を意識するように、コミュニティの入会数はさらに意識するぐらいが丁度いい。

大きく狙わず小さく始める

どんなことも初めては不安が付きまとう。やってみると小さな失敗の連続である。

今のままでは嫌で変えたいと変化を望む気持ちと、どうなるか分からない不安の気持ちだと、人は不安の気持ちの方が勝る。大きな変化とは大変なんだ。でも大変の先に希望があることも事実である。

今が納得できていないなら、今の延長には希望はないことは分かっているはずだ。本当は余裕がある内に、新しいことにチャレンジをしておきたいところだが、余裕は怠け心に使われてしまいがちだ。

仕事も多少余裕がある内に、急がない仕事をやっておけば、ゆとりを持ってやれることは分かっているのに、遊んだり、寝たり、一日なにをしたのか分からないまま終えて後悔するなんて経験も多い。

変わりたいうちに変わる方がいい。変わらざるを得ない状況になって変わるのは、何だかつらそうに思える。コツは最初から大きく変わろうとしないことだ。小さくても、勇気を出して、足を一歩前に出してみることだ。

本書を読んで、一つでもヒントがあれば、僕としては嬉しいが、実践してみないと何も起こらない。頭で学んだ内容はすぐに忘れる。小さな一歩でも踏み出すには不安を包み込む覚悟が必要だ。行動しない人というのは、リスクや不安ばかり気にする人だ。

例えば、勉強会をやるにしても、やらない人は、どうやって集めればいいのか、集まるのか、運営はどうすればいいのか、とできない理由ばかり考える。これでは成功どころか現状を変えることすらできない。

成功する人は最初から大成功を目指さない。できることから取り組む。勉強会であれば、友人をカフェに集めてでもやり始める。参加人数は3人でもいい。3人で開始した勉強会が5人、10人、20人と増えていく。

小さく始めたことが大きくなるのであって、最初から大きなことをしようとする方が、実はリスクが大きい。

初めてやることは失敗の連続であるから、コストも極力かけずに試した方がいい。成功モデルができた時に拡大するのはいいが、成功モデルもない状態でコストをかけると失敗の打撃も大きくなる。

もちろん思い切ってやれる人はほとんどおらず、リスクや不安という言い訳をして行動できないうちは、もちろん大きなことはできない。

結果は実践でしかない。結果を変えたければ実践するしかない。小さくても始めてみることで見えてくることは沢山ある。

集客も大勢を集めようとするより、少人数でも集まった人に満足を提供できる人が大勢のファンを持つようになり、やがて集客に困らなくなる。

お客さんの開拓に困ったら振り返る

もしお客さんの開拓に困ったら、理由は二つしかない。

一つはこれまでお伝えしたことをやっていない場合だ。特に多いのが身近な人に伝えず、新規顧客ばかり探している人である。新たに探すより既に身近にいるのに、友人は嫌だ、知らない人に伝えようという気持ちでやっていてはうまくいかない。

もう一つは、あなたの必要性が伝えられていないことがある。保険を販売している人は数多くいる。そんな中で、あなたが必要だ、あなたに任せたいと思われていないからだ。これは精神論のように思うかもしれないが、そうではない。大事なのはなぜこの仕事をしているのか情熱でありミッションである。家族や友人に保険の話をできない人もこの情熱やミッションがなく、保険を売ることが目的となってしまっているから、話せない、話しづらい気持ちになってしまう。

身近な存在はあなたへの信頼は既にあるので、情熱やミッションで契約が取れるが、そうでない初めて会う人は信頼がないので、情熱だけだと、本当かな?と思われてしまう。

そこで、あなたの情熱やミッションは目に見えないので確認しようがないが、サービスとして目に見えるカタチにすることで、信頼がなくても共感が得やすくなる。

数えきれない販売員がいる中で、お客さんを増やすには、お客さんに必要とされないといけない。ハッキリ言ってしまえば、行動しているのに、お客さんが獲得できないのなら、今のあなたはお客さんから見て必要な人に成り得ていないということだ。

考えるとつらい気持ちになるかもしれないが、うまくいかない時は、原点に立ち返った方がいい。本質を見ずに、新規のお客さんを追い求めてもなかなか不調から脱出できないし、成績も同じような数字をいったりきたりして、大きく伸ばすこともできない。

うまくいかない時ほど、お客さんの声に耳を傾けてみることだ。僕の持論だが、上司や同僚に相談するより、お客さんに相談した方が的確なアドバイスをくれることが多い。もしかすると、あなたのサービスに改善の余地があるかもしれないし、あなたが得意としているセールストークに新鮮さがなくなり、心に響かなくなっているのかもしれない。

あなたの能力が問題なのではない、解決策はあなたが自己流にやり方を変えることでも、他の人のやり方を表面的に真似ることでもない。

本当に大切なのは、お客さんを真正面から見ることである。

お客さんを知って、ニーズに合わせていく。求められているニーズは、まるで毎年流行が変わるように、気が付かない内に少しずつ変わっていく。

第六章　お客さんに選ばれる人の商談力

提案が喜ばれればそれでいい

商談しても契約になかなかならない

商談まで進んでも契約が取れない人がいる。営業会議に参加して、営業パーソンに状況を確認していくと、「検討されるようです」と報告をする。僕が、成約になりそうですか？と聞くと、「たぶん」といった曖昧な返事である。お客さんは何日まで検討するのか、返事はいつもらえるのか、聞いても答えられない人が多い。

数字の確認をしても、とても曖昧に捉えているので、締めてみないと結果は分からないといった状況である。僕からすると運任せセールスにしか見えないが、曖昧な人で優績者の人はいない。

今ひとつ結果が出ない人や、そんな現状を変えたいと思っているがどうしたらいいか分からないという営業パーソンと話すと、みんな曖昧なのだ。

成績の良し悪しに限らず、一向に芽が出ない人は曖昧癖が身に付いてしまっていないか自問自答してみてほしい。トップセールスの人は成績がよくない時でも曖昧になることはないし、成績に悩んでいる人は、たとえ成績がよい時もラッキーパンチが当たったような曖昧な報告になっていることが多い。

トップセールスとそうでない人の差として、トップセールスは計画的に、意図的に考えて行動するが、そうでない人は行き当たりばったりの考え方や行動をしている。

それは営業会議の時だけではなく、お客さんとの商談の時も、気付いてないかもしれないが、例えば、電話でのやりとり、メールの返信など、あらゆるところに表れる。

曖昧なままだと、持続的に成長することが難しく、契約の好不調の波が大きかったり、一定以上の契約が伸びないか、50代を過ぎると体力と共に契約が落ち始めたりのいずれかになりがちである。

なぜ好不調の波が大きいのか、一定以上伸びないのかと言えば、商談の進め方が曖昧になっていることに原因があることが多い。

売り気を出して、お客さんも構えてしまってはいけないので、売り気を出さずに商談を進めたいという気持ちを持つ人もいるが、お客さんからすれば意思決定ができない要因となったり、頼りなさを感じる要因になったりすることもある。

ニュアンスが難しいところではあるが、売ることがお客さんのためになる、という信念が持てているかどうかの違いが出る。成績のために売らないといけないといった、売ることを目的に商談をすれば、あなたがお客さん視点であればあるほど、営業に苦しむだろう。

しかし、お客さんの視点に立ち、心から必要だと思える商品、良いと思える商品なら、堂々と伝えられるはずである。

「売る」のではなく、「伝える」。伝え方が曖昧だと契約に結び付きにくい。

お客さんにとって本当に必要なもの

商品を販売する際には、まずお客さんの意向を確認して、意向にあった商品を勧める。これはどんな商売でも当たり前のことである。意向というのはニーズであるから、ニーズを把握せずに売るということはおかしいわけである。

しかし、表面的なニーズと潜在的なニーズとが違う場合がある。

僕の経験でも移動中に音楽を聴こうと思ってイヤホンを買いに行ったことがある。理由は新幹線に乗っている時に電車の騒音や周りの会話より好きな音楽を聴いている方が仕事をするにしても寝るにしても快適だと思ったからだった。

数多くあるイヤホンの中で、売れ筋と書いてあるイヤホンの中から色や形で選ぼうとしていたが、沢山ありすぎてよく分からなかったので店員さんに声をかけた。その店員の人は僕にどういう使い方をするのかヒアリングをした上で、それならということで、僕が見ていたイヤホンとは違うイヤホンを勧めてくれた。そのイヤホンはノイズ遮断の機能が付いたイヤホンだった。想定していたのより10倍ほどの金額はしたが、僕はそのイヤホンを購入した。聴くというイヤホンの基本機能ではなく、騒音が入り難い、ノイズを遮断してくれる特別な機能が僕の欲していたものだったからだ。もしも店員の人が僕がどういう用途で使うのか聞いて勧めてくれなかったら、ごく一般的なイヤホンを買っていたに違いない。

僕の経験のように、本当に欲しい商品や、本当に必要な商品というのは、お客さん側も分かっていないことがある。特に保険のように比較がしにくい商品で、将来のことをしっかり考えて決める商品の場合は、ほとんどの場合、言われたことに応えるだけでは事足りない。

意向に合った商品を提案するには、本当の意向を把握するために、表面的なヒアリングにとどまらず、潜在的な部分に対してもヒアリングを行う必要がある。

なぜ、このような当たり前のことを書くのかと言えば、保険という商品が未来のお金を提案する大切な商品だからである。

保険には万一の時や病気になった時に、必要なお金をどう備えるかという保障機能と、教育資金や年金など将来のお金をどう貯めるのかという貯蓄機能があるが、これは素人のお客さんが自分で判断すること自体が難しい。

学資保険に入りたいというお客さんに、学資保険だけを販売する。これは意向に沿っているように思えても、もし旦那さんが亡くなって死亡保障が全くなかったら、お客さんの意向に沿った販売をしたと胸を張って言えるだろうか。

保険という商品は、使用してみて求めていたものと違ったから買い換えようという商品ではない。使用する時が一番大事な時であるから、お客さんが言ったから、というだけの理由だけで販売するのは危険だと思う。

インターネットでなく対面する理由

最近のお客さんは知識が豊富な人も増えているらしい。らしいというのは、営業会議や現場の意見として耳にすることが多いからだ。

確かに、ある企業で調査をすると、保険の契約を決めるまでに数名のプランナーや保険ショップに相談してから決めるという人が増えてきている。ある企業で打ち合わせをしている時に、ちょうど複数の人から話を聴いているというお客さんが相談しに来られた。そこで、どうして複数の人から話を聞くのか、面倒じゃないのか率直に聞いてみたことがある。

もしかしたら、相見積もりのように比較すると同じ商品でも安く加入ができると思っているのかもしれないと思ったのだが、そういうわけではなく、〝提案された商品が本当に自分にとって良いのか確認するため〞に複数の人から話を聴いているということだった。

話を聴いていて、印象的だったのが、何人かの営業担当者に話を聴いたが、それぞれよいという商品が違い、同じ商品がいいと応えた人はいなかったという。例えば、「この部分は、この商品がいいです」と勧められることもあるが、別の部分では「この部分については、別のこの商品の方が安いです、いいです」と提案されるということである。

そして、いろんな人に話を聴けば聞くほど、どの内容がいいのか分からなくなったと話してくれた。そこで、契約を決める際の決め手になったのは何だったのかを聴くと、決め手になったのは説明に対する納得感や知識以上に、その担当者が、本当に力になってくれそうか、パートナーとして信頼できるかといった人柄が決め手になるということである。

直接会って複数の営業パーソンに話を聞かなくても、今はインターネットで調べれば簡単に詳しい情報まで調べることができる。

提案された商品に関してもインターネットで調べれば、いろんな口コミがヒットするし、売れ筋の商品や、保険料のシミュレーション、評価や口コミまでインターネットを使えば簡単に取得が可能である。

それなのに、どうして、インターネットで情報を収集するだけでなく、営業を受けてでも会って相談をしに行くのだろう。それはいくらインターネットで調べても、どうすればいいのか結論が分からないからである。

そう考えれば、営業パーソンに求められているものが見えてくる。

あなたに相談をしに来たお客さんに対して、一通り商品の説明をした後、お客さんから、「どれがいいですか?」と聞かれた際に、結論はお客さんに委ねる営業パーソンがいる。複数の保険会社の商品を取り扱っている営業パーソンに多いが、「どれにするかはお客さんの考え方しだいです」と決断を委ねる人がいる。これではネットで調べるのと同じである。お客さんは分からないので、プロの意見が聞きたいと思って相談に来ているのに、説明をしただけで、決めるのはお客さんですというのは何とも頼りない。当然、お客さんは、この人は任せる人じゃないと思うし、優柔不断な人は、決めきれないので、営業パーソンとお客さん2人で悩んでいることもある。

お客さんの意に反して提案するのは良くないが、気持ちとしてはそれぐらいの気持ちがあってちょうどいい。

少なくとも、あなたの意見や考えをもとに何がベストかを伝えた上で、最終的な判断をお客さんに任せるといったスタンスでなければ、専門家とは言えない。単に商品の内容を説明して、お客さんに決めてもらうというのはコンピューターで事が足りる。

お客さんが、あなたに求めているのは、専門家としての意見であり、アドバイスということを忘れてはいけない。商品の説明ではない。このことが分かると、商品から説明する人はおかしいということに気が付くと思う。

お客さんのことを知ることは大前提だが、お客さん視点の商談とは考え方、意見が先で、商品は最後である。

精神論ありきでなく理論＋背中押し

お客さんの側に立つと、欲しい欲しいとまでいかなくても興味がある商品の話は聞きたいと思うが、興味もない状態で商品の説明を受けると苦痛を感じる。これは当然のことだ。保険に携わる人は、保険という言葉を言うと、相手は毛嫌いすると言う。しかし、保険という商品自体を嫌いな人はいないと思うのだ。保険に興味がない人はいるだろうが、嫌いになるようなことは、どんな保険商品であってもない。

保険が嫌いなのではなく、悪い意味で強引に保険を販売しようとする人のことが嫌いなのではないだろうか。

保険に限らず、欲しくもなく、興味もない商品の説明を聞くだけでいいから聞いてほしいというセールスを受けると誰でも嫌なはずだ。

しかし、保険業界のセールスも2005年から変わり始めた。今まで職場に出入りして、毎週のようにセールスを受けていたのが、個人情報保護法が施行されてなくなりつつある。

僕が社会人になった頃は、昼休みになると、毎週どこかの保険会社のセールスレディと呼ばれる人が会社に来て、飴や1枚もののニュースレターを配ったり、見込みの人には経済雑誌も配ったり、というのが当たり前だったが、個人情報保護法が施行され、だいぶ減ってている。

そのため、今までは社会人になると保険の勧誘をされることが当たり前で、加入する人も多くいたが、今は、勧誘されることが少なくなったことで、20代の人の生命保険の加入率は下がってきている。僕の妹も結婚してから、「保険ってどうすればいいの?」と聞いてきた。当然、入っているものだと思っていたが、妹も夫も未加入だったことに驚いた。

保険ショップに相談に行く人が増えている理由は、相談したい時に相談できるだけではなく、勧誘されなくなった人たちが、どこに相談していいか分からないということもあるだろう。

お客さんがいないと苦労している営業パーソンがいる一方で、お客さんも誰に相談していいのか分からず相談できる人を探している。

本当はお互いのニーズはマッチしているが、あなたが保険の話をしようと切り出すと、話を聞こうとしてくれない。それは、商品説明から入るという理由だけでなく、もう一つ、保険を販売している人が敬遠される理由がある。それは、不安を全面に保険の必要性を説明するからである。確かに、保険は万一の際に金銭的な保障をしてくれる。しかし、不安ありきの話をされると、聞いている方は面白くない。人は楽しいこと、ワクワクすること、成長できること、将来のためのことに前向きにお金を使う。嫌なこと、不安なことは必要だと分かっていても、後回しにしがちである。

保険は金融商品である。統計学をもとに正確に数字が組まれている商品である。僕は、商談のはじめから感情に訴えかける営業を勧めていないが、感情に訴えかけるのであれば、将来、生きたい人生を生きるために必要なものとして伝えるべきである。

ほぼ初対面に近い人に、商談の30分後に、もしあなたが亡くなったら、家族が大変な思いをするというような話は、大切であっても順序を変えた方がいい。

消費者の考え方、価値観が変わってきている。それは未婚者が増えたり、離婚する夫婦が増えたり、生活スタイルにも表れはじめている。不安を煽るセールスは、ますます通用しなくなるように思う。

保険を含む金融商品こそ、本来は感情的ではなく理論的に話をすべきだというのが僕の考えだ。将来に備える商品であり、緊急性がないため、最後に背中を押す時に感情に訴えるのはいいが、商談のはじめから感情に訴えかける営業は時代に合わなくなってきている。

自ら契約を取れなくしている口癖

保険の営業パーソンで、それを言ってはダメだろうと思う言葉がある。

採用のアドバイスを求められた時は、面接をする時に商談のアポイントを取得する場面のロールプレイングをしてもらうように伝えている。

これで分かることはスタンスである。どういうアポイントの取り方をするかで採用してやっていけるか、伸び悩むかほぼ１００％といっていい確率で分かる。このことだけで、採用を決めるわけではないが、応え方によって採用しないと決めている企業もあるほどだ。

まず、順調に契約が取れる人は、「話を聞いてほしい」「僕が生涯をかけて打ち込みたいと思える仕事に出合えた」、といったように、堂々と話をして会う約束をしている。ポイントは堂々としているかどうかだ。

これはダメだろうという人は堂々としていない人だ。一番多い言い方は、「入らなくてもいいので話を聞いてほしい」といったような言い方である。

こういう言い方をする人で活躍している人を僕は知らない。どうしてこういう言い方になるのか、言っている本人は、相手が契約しないといけないのではないかと不安を持たず、気楽に聞いてもらえるように気を使っているように思っているのかもしれないが、実際は断られるのが恐いからストレートに言えないのだ。

やはり、自分がこれから生涯をかけてやっていこうという仕事に誇りを持てないのならうまくはいかない。

最初は、誰だって働いてみないとうまくいくかどうかは分からない。保険の知識の有無より、会社の社風に合うかどうかより、何よりも必要なものが気持ちなのだ。

「入らなくてもいいから話を聞いてほしい」のように最初から入らなくてもいいというのはたとえ本心でなくても言うべきではない。なぜなら、自分の価値を自ら下げているからである。

入らなくてもいいと言われた方は、あなたに任せようと思わないだけでなく、話を聞く気にもならない。何のために?という思いとともに時間がもったいないと思うからである。

堂々と伝える人と、遠まわしに伝える人とでは、会って話せる確率は堂々と伝える人の方が3倍近くも高い。

できる営業は演じることからである。トップセールスのように演じるのは、良いところを真似るだけでなく、トップセールスがやらないことはしないということも大事だ。

たとえ、「話を聞いてもらっても、相手が満足するようなことは言えないかもしれない」と不安に思っても、とりあえず、自信満々に、「良い話が聞けるから聞いてみてよ」と言ってみる。そこから、良い話ができるよう勉強して準備をしていく。

周りができないとレッテルを貼っているのではなく、自分でできない人をつくってしまっている人が多い。低く見せて高くなるマグレは起こらないので、自己評価は高めに設定しよう。

なぜ優績者は商談時間が短いのか

トップセールスの人は商談時間が短い。一定の法人のお客さんに対して、継続的に提案してトップセールスという人ではなく、お客さんが増え続けるトップセールスは、説明も一人ひとりに対して丁寧に説明している。

経験値が増えると、丁寧に説明するには意識しないと難しい。気付かない内に専門用語を使ったり、説明をはしょったり、営業で苦戦している人ほど、そういう人が多い。何度も同じ説明をしていると、話している方は飽きてくるかもしれないが、聞いているお客さんは初めて聞く。話す方は、毎回リセットして常に初心にかえって説明する必要がある。

経験を多く積んだからといって説明時間が短くなるわけではない。丁寧に説明するのに、時間は変わらない。慣れてきたからといって、話す内容が省力されていると感じるのなら、もう一度、初心に帰った方がいい。

ではどうして丁寧に話しているのにトップセールスの人は商談時間が短くなるのか。

それは話す内容と目的が決まっているからである。契約までに何度も足を運び、時間がかかる営業パーソンは、話す内容があらかじめ決めておらず、お客さんとの会話のなかで、Aということを話したり、Bを話したり、お客さんからの質問や返答に付き合いながら商談を進める。質問に答えることは大事だが、事前に話す内容を決めている場合は、質問内容も想定される内容になっているため、話があまりそれない。

事前に内容が決まっていないと、話が脇道にそれはじめると、なかなか元に戻せない。最後までそれたまま、時間が過ぎ、お客さんも時間がなくなり、商談が終わるということすらある。営業パーソンからすれば、心の中では元の話に戻したい、と苛立ちすらあるのだが、そのことをお客さんに見せてはいけないと、愛想を装いながらズルズルと話を聞くということになる。これは商談の前にストーリーが決まっていないことに原因がある。

また、今日は何も決まらなかった、次はどうしようか、と商談後に考える営業パーソンは、着地点が曖昧なまま商談していることに原因がある。「今日は、この提案に関しては、どうするか決めてもらおう」「この話を聞いて入りたいと言うかどうかハッキリさせよう」と、その日の商談の着地点を事前に決めて商談するといい。

契約までに何度も会う人がいるが、話す内容と着地点が決まっていないと、ズルズルと流れてしまう。お客さんが優柔不断な場合もあるが、客観的に見ると、営業パーソンが、優柔不断にさせていることも多い。

トップセールスになる人は、着地点を決めているため、もし相手が優柔不断だった場合は、白黒ハッキリ付けて、黒だと判断すれば深追いせずに次に行くし、グレーの場合は一定の期間を設けて決断を求めるし、それでも優柔不断なときは、自分のコミュニティに入れて引き上がるのを待つ。

何を話して、何を決めるか、この2つがハッキリしていると商談時間は短くなる。

また、スケジュールに余裕があるとダラダラとしてしまうのが人間である。初回の商談なら2時間、提案なら1時間半、契約は1時間半と時間を遊ばせないようにスケジュールを入れることも効果的である。売れっ子になると、自然と分刻みのスケジュールになるが、売れっ子にならなくてもスケジュールは自分で決めることができる。

時間を遊ばせないようにスケジュールを入れると、目的が決まる。目的が決まらないと、いくら時間が必要か分からないからである。時間の使い方が下手な人は、細切れの時間をつくってしまうが、上手な人は、まとまった時間がつくれる。商談と商談の合間に20分、次の予定まで40分といったように時間ができても生産性の高い仕事はできない。

それならまとめて60分確保できた方がいい仕事ができる。まだ売れっ子でない時こそ、予定は固めて入れて、多くの空いた時間はクリエイティブなことや、急がないが大切なことに時間を充てるといい。

設計書は安売りしてはいけない

間違ったセールスの仕方の一つに設計書をすぐに出すというものがある。クロージングが苦手な人は、自分から「設計書をお渡ししておきましょうか？」とお客さんに言っていることすらある。

設計書は安売りしてはいけない。設計書を渡す時は、契約するかしないか決めてもらう時である。

あなたのお客さんで、別の営業パーソンから提案を受けていると相談があったとする。その際に、「こういう内容の提案を受けています」と設計書を見せてもらえたら、対応するのは簡単なはずだ。言い返すこともできるし、もしあなたが同じ商品を取り扱っていれば、それなりにメリット、デメリットも伝えた上で、それでも気に入っているのなら、私から同じ内容で入ればいいと提案することだってできる。

トップセールスの人で、設計書を簡単に渡すという人はまずいない。そんな隙を見せてはいけない。本当のトップセールスなら、あなたに連絡が入る時は、別の保険に加入したので今の保険を解約したいという解約の時である。

逆に売れない人ほど設計書が散乱している。僕は営業研修で、初回商談はヒアリングと必要な保険に対する考え方を伝える、2回目で提案、問題なければ契約、修正が必要な場合、3度目に契約になることもあり、と大雑把に言うと、こういう流れで教えている。

初回商談のゴールは、お客さんからプランニングを依頼されることだが、ここではまだ設計書は出さない。売れない人はこの時点で設計書を渡してしまう。

どうしても設計書を出すのであれば、その時点でクロージングをすべきだというのが、僕の考えだ。考え方を伝えて、その内容がいいということになり、設計書というのは出すものである。相手が内容を気に入ってもいないのに、設計書を出すというのは、そもそもヒアリングができていないと言える。相手が求めていないのに設計書を出すと嫌われても仕方がない。設計書は欲しいと言われて出すものだが、出したら後は、決めるだけである。

設計書を出して、「検討します」と言われたとする。そこで、「分かりました」と答えるようではいけない。

お客さんは素人であり、設計は自分でできない。そんな素人のお客さんが、一体何を検討するのだろうか。持ち帰って真剣に検討する人はいないのではないだろうか。もし、真剣に検討しているのなら、その場であなたに質問するはずである。

検証してみると、検討するという人には2種類あって、ひとつは、あなたのプレゼンが響いていなかったり、心から納得できていなかったり、ということ。もうひとつは、何か引っかかる部分があるかである。引っかかるとは、保険料が少し高く感じる、ある保障、例えば女性疾病を持っておくべきかなど、何か迷っている部分があるということである。

では、設計書を出して「検討します」と言われたらどうしたらいいのかと言うと、理由をその場で聞くのが正しい。検討することに対して、一番的確に答えられるのは、あなただからだ。

もし、理由を聞いても答えてくれないのなら、設計書を出すタイミングではなかったということである。

設計書を出すということは、プランニングをするということだが、プランニングは要望が合ってするものである。要望がないのにプランニングするのは、欲しいと思っていない人に無理にプランニングするのと同じである。

契約率が高い人のクロージング術

営業が得意な人と不得意な人の差は、商品知識でも提案力でもない。商品の知識がなくても売れる人は売れるし、商談のほとんどが雑談という人もいる。どんな商品でも売れる人は売れるのだ。

では、営業が得意な人と不得意な人の差とは何だろうか。究極の差はクロージング力である。クロージングが下手な人は、いくら商品の知識があっても、提案が上手でもトップセールスにはなれない。一線は越えられないのだ。

「ロールプレイングでは上手に話せているのに売れないのはなぜか?」といった相談をマネージャー職や管理職の立場の人から相談を受けることがある。

営業が苦手な人はクロージングが苦手なのだが、営業が得意な人は生れつきクロージングが得意な人が多いので、そういう人がマネージャー職や管理職に就くと、提案のスキルを磨けば売れるようになると思ってロールプレイングを実施するが、売れるように育たないということが多い。

営業に苦手意識を持っている人は、クロージングが苦手なことは自分ではよく分かっているが、どうすればいいのかが分からずに悩んでいる。本当の悩みはクロージングにある。提案まではリラックスして話ができるのに、決断を求める時になると、身体も言葉も硬くなってしまう。

クロージング力とは相手の懐に入り込む力と言い換えることができる。表面的な付き合いから深い付き合いに入る。保険は将来に備える商品なので、深い付き合いになるべきだが、そのことをお客さんに同意をしてもらうことがクロージングと言うこともできる。

一人のお客さんを目の前にして、最後の一押しが言えない理由は恐さだ。

お客さんが提案を受け入れてくれているように思っても、「これで契約をお願いします」と言って、「やめておきます」と断られるのが恐いのだ。だから、意思決定を先延ばしにすることで前向きな可能性を残しておきたいと心のどこかで思っている。

お客さん想いでまじめな人ほど、クロージングが苦手な人が多い。トップセールスの人は、クロージングすることが恐くないのかと言えば、恐さが全くないということはない。しかし、提案を受け入れるかどうかは、お客さんが決めることだと、冷静に物事を見ることができるのだ。目の前の契約だけの狭い視野でしか見ることができないでいると、見送るという判断が自分のことを否定されたかのように考えてしまう。そうではない。目の前のお客さんがたとえ今回契約に繋がらなくても、あなたのことを気に入ってくれているのであれば、あなたの提案に感謝しているのであれば、それでいいのだ。

ちゃんとした理由があって見送られる場合は、何もあなたが否定されたわけではない。クロージングが苦手な人は目の前の契約に執着し過ぎだ。もっと気楽に、長期的な視野で、お客さんと付き合えばいい。相手が喜んでいるなら、それでいいじゃないか。喜んでいるわけじゃなく、パッとしない相手なら、断られていいじゃないか。あなたも、そんな人を一生涯サポートしたいと思わないんじゃないだろうか。

目の前の契約に執着するのではなく、契約してくれたら嬉しいけど、してくれなくてもいいと余裕を持って構えたらいい。契約が欲しいという執着を手放せたら、クロージングは今よりは力まなくなるはずだ。あとは訓練、経験を積んでいけば、クロージングが恐くなくなる。

この人の役に立ちたいと思う人をお客さんに

営業をする上で契約をもらうことと、誰をお客さんにするかは別々に考えた方がいい。成績が良くない時は、契約してくれるなら誰でもいいと思うようになる。契約に執着すると、お願い営業に近いスタンスとなり、相手に借りをつくるような場合すらある。

契約に執着すると、もしかすると、過剰、過大な言い方をしてしまうリスクもあるし、契約してもらっているという立場だと、そのお客さんからの誘いが断りづらくなったり、お客さんの商品やサービスも購入したり、ということが出てきかねない。

成績が良くない時だけでなく、成績が好調な時も同じことが起こることがある。それは、同僚や周りから褒め称えられたり、ステイタスを得られれば、維持しなければと考えたり、もっと褒められたい、という思いから契約に執着してしまう場合である。

いずれの場合でも、そういう人は自由な時間がなくなり、本当にやりたいことができず、仕事に追われるようになる。営業で一定の成績が残せても、仕事と人生の楽しさや幸せが一致しなくなる。

成績がそこそこ優秀だからといって幸せにはなれない。楽しそうに営業している人は、お客さんに無理が言えたり、わがままを言えたりし合える関係ができている。

契約が取れなくてつらいわけではないのに充足感がないという人はお客さんとの関係が、無理を言えたり、わがままを言えたり、そういう関係になっていないのではないだろうか。

楽しく仕事をしたいなら、お客さんは選ぶべきだ。お客さんは宝なのだ。宝の選び方を間違えると苦労する。

僕はコンサルティングをする際もお客さんを選ぶし、クライアント先にもお客さんを選ぶべきだと言っているが、「お客さんを選ぶなんて偉そうじゃないですか?」と聞かれることがある。どうしてお客さんを選ぶべきかと言えば、応援したい、役に立ちたいと思う人じゃなければ、親身な対応ができないからだ。

何のために仕事をするのかと言えば、お客さんに喜ばれるためである。喜ばれない仕事はたとえ稼げたとしても仕事が面白いと感じることができない。喜ばれるためにやるのであれば、「誰に喜ばれたいのか?」ということが大事だ。これは営業をする側だけの話ではなく、お客さん側からしても、同じである。どんなお客さんでも、自分のことを「えこひいき」してほしいという願望がある。それで、契約しているのだから、これもしてほしい、こういうことも対応してほしいと要望として出てくる。双方が尊重し合える関係でなければ、あなただけでなく、お客さんも不幸と言える。

あなたがお客さんにする人は、あなたからすれば、役に立ちたい、何かあれば助けたいと思える人であるべきだし、お客さんからすれば、あなたのファンであることが望ましい。

そのために必要なのが定義付だ。あなたが心の中でどういう人がお客さんになってほしいのか考えていても、相手には伝わらない。同じように、あなたがどういう考えを持って、仕事をしているのか伝わらない。これでは、あなたも、お客さんも判断のしようがない。

お客さんは選ぶべきだが、お客さんが良い悪いという話ではない。あなたの考え方にお客さんが共感するかしないかである。

だから、あなたがどういうことを考えて保険を提案しているのか、どういったサービスを提供したいのか、商談の前にお客さんに伝えなければいけない。

そして、あなたの考えに共感してくれる人はお客さんとなってもらい、共感できないというお客さんは入り口の時点で断る勇気を持つべきである。

話が広がる人は雑談を意識する

次回のアポイントや契約の手続きが終わると、すぐに帰ろうとする人がいる。しかし、本当の営業はむしろ〝ここから〟だ。またネタばらしになってしまうが、トップセールスの人を見てみれば、商談後には雑談をしている。

これは何も契約をもらってすぐに席を立つと、契約が欲しかっただけかと思われるのではないかという浅い考えではない。それに、もし契約欲しさにということであれば、契約をもらった人は、そんなことを考える余裕すらなく、お客さんの考えが変わらない内に、早く席を立ちたくなるだろう。

どうしてトップセールスの人が雑談を大事にするのかと言えば、雑談の中にこそ隠れたニーズが潜んでいるからだ。

朝目が覚めた時や、トイレやお風呂に入っている時に良いアイデアが浮かぶと言うが、同じことで、商談後のリラックスした時ほど、お客さんへの提案は心に刺さる。

例えば、親の保険の内容は確認しておいた方がいいということに対するクロージングで一番効果的なタイミングは商談後ということになる。

お客さん本人の保険について考えている最中に両親の保険の話をしても、記憶にはほとんど残らない。伝えるのであれば、商談の初めに、両親の保険の内容も確認できているか確認することで布石を打っておいて、商談後に、そう言えばという流れで切り出すのがいい。

リラックスしている時こそ、これまで気が付かなかったことが出てくる可能性が高い。

教育資金の相談に来たお客さんに、商談が終わって一息ついたときに「ところで、ご自身の将来の年金はどうされていますか?」と質問すると、そう言えばと話が進むことが多い。

しかし、教育資金の相談をしに来たお客さんに入り口で「ご自身の将来の年金はどうされていますか?」と聞くと、聞く姿勢になってくれないばかりか、教えてほしいことに応えてくれないと不満が募る。

潜在ニーズを掘り起こすチャンスは商談が終ったときである。もちろん潜在ニーズだけではなく、相手との距離を縮めるのにも有効である。

商談の初めは、自己紹介をしてもお互い緊張は残っている。商談を通じて話しやすくはなってくるが、プライベートに入り込むのは商談後の雑談の場がもってこいだ。

お客さんがあなたに保険を任せようと思っているということは、心を開いている状態にある。そこで、保険という必要な商品だけじゃなく、プライベートでの夢やオススメ情報などについて話すことで、仕事上の付き合いではなく、人生のパートナーになることができる。

紹介の依頼が多い人や、お客さんと仕事だけでなくプライベートでも仲が良くなる人は、雑談で距離を詰めている。トップセールスの人ほど、この雑談の効果をよく分かっているのだ。

第七章　一番のつくり方実践編

あなたはどの分野でトップになりたいか？

時代に適応する

今はモノ余りの時代である。必要なものはひと通り揃っているため、アパレルなどの小売業は苦労している。今後はあらゆる面でより利便性に対応できる企業や、新しいモノを生み出す企業以外は苦労する時代になるだろう。それは、モノ余りに加えて人口が減少していくからである。日本政策投資銀行の資料によると２０１０年から２０６０年の50年間で人口は１／３減少することになる。これは、戦後復興の時代と同程度の人口になるのだが、戦後復興の時代と状況は全く異なる。戦後復興の時は子供が生まれ、若者が増えている時代だったが、これからの日本は老人が多い時代となる。

移民を受け入れない限り、人口が劇的に増えることはなく、移民を受け入れても段階的に受け入れるだろうから、すぐに人口減少に歯止めがかかることはないだろう。

モノ余り、人口減少に高齢化、そして所得も下がってきている。国税庁の統計によると、２０１５年の平均年収は４４０万円で、１９９７年と比較すると52万円下がっている。

年収３００万円以下の人口の割合も平成26年には40％を超えている。

このような時代では、契約単価を上げることが容易でないだけでなく、保険に加入することすら難しい人が増えてくる。

これからは消費者がより慎重にシビアになってくる。限られた所得の中で保険を考えるわけだから当然である。同業他社との違いが分からなければ選ばれにくくなる。どういうことかと言うと、丁寧に対応するというだけでは不十分で、丁寧な対応とは具体的にどういうことをしているのかが伝わらなければならないということである。

戦後、人口が増え、物が足りず、所得が増える時代からバブルを経験し、所得が増えず、モノ余りの時代となり、２００８年を境に人口が減少に入った。

つまり、２００８年を境に、これまでのやり方から新しい時代のやり方に切り替えるべき時代に突入したのであり、今後はますます、時代の変化に対応できないと苦しむことになる。

想い＋共感＝独自の商品をつくる

人は余計なことに対して感動する。最低限やってもらいたいと思っていることをやってもらっても感動しない。他の人がやってないことをやり、付加価値を提供するには先行してコストがかかる。

世の中で、話題になるような感動のサービスも売上という視点で見れば、売上は0でコストばかりかかっているように見える。周りの人は、「あんな手間のかかるようなことはできない」とか、「そんなことをしても売上が上がらない」とか「赤字で儲からない」と言うだろう。しかし、本当に付加価値のあるものは、手間がかかるものや、売上に直結しなさそうなものの中にある。

手間がかかるから他の人は真似ができなくなる。誰でも簡単に真似ができる程度なら、すぐに真似をされるだろう。手間が感動を生み、手間が付加価値を生むのだ。

手間がかかり、売上に直結しなさそうなことが付加価値になる。しかし、どうすれば、手間がかかって、売上に繋がるか分からないことでもそれができるのか。普通は手間がかかることはやりたくないし、売上に繋がらないこともやりたくないと思うものである。

そこで想いである。今の仕事を通じて、お客さんに提供したいもの、お客さんと分かち合いたいものが大事になる。そこに損得勘定ではなく楽しさ、やりがいがあるからである。

大阪で代理店をやっている内田達雄という人がいる。内田さんは主に法人のリスク保険を販売しているが、内田さんは「お客さんの成功が自分の成功」という想いを持っている。

そこで、お客さんの成功とはなんだろう?ということから、成功している人の考えや秘訣を学べばお客さんの役に立つのではないかと考え、成功している人や夢に向かって輝いている人にインタビューをすることにした。

しかし、インタビューをして何をするのかと言われたり、そういう人ほど忙しいので、時間がないと言われたり、最初はインタビューをしてもらえる人を見つけるのに苦労した。

想いを持っていなければ、この時点で諦めてしまうだろうが、ここから、忙しい相手に負担を強いずにインタビューをする方法を考えた。それが「かたりあげドライブ」である。

これは車の中に収録機器を搭載し、相手が移動する際に運転手になってドライブしながら体験談や考え方をインタビューするというものである。

インタビューするなら、相手は良い車の方がいいだろうということで、車にはＢＭＷを選んだ。ちなみに今は2台目でポルシェである。

この「かたりあげドライブ」だが始めた頃は無料でインタビューをして、それをＣＤにしていたので赤字だった。しかし、徐々に「かたりあげドライブ」に出演したいという人が出てきた。自分のブランディングとして、自己紹介ツールとして、配りたいという人や、社員に配って会社の歴史を知ってほしいという経営者が「かたりあげドライブ」を求めたのだ。

そこで有料サービスに切り替え、内容もインタビューから対談となり、事前に打ち合わせをしっかりと行った上で収録する有料コンテンツへと進化した。

まず想いありきである。その想いを共感してもらえるレベルまで磨き込むと商品になる。

その商品が他の人が真似をすることが難しいものであればあるほど差別化となる。

小さな差を大きな差にかえるこだわりの事例

想いをカタチにするのに独創的な発想が出てこないと悩む人がいるが、悩む必要はない。さきほどの「かたりあげドライブ」も最初から今のように完成度が高かったわけではなく、試行錯誤の連続だった。

差別化とは独創的な発想が必ずしも必要なわけではない。差別化できるヒントは目の前にいくらでも転がっている。

前にも述べたがウルトラCはそうはない。これからは大きな枠で考えれば、似たことをしているように見えて細かな部分に差が生じる。細かい差だが、実はその差が大きな差となる。

ここで事例を挙げよう。年賀状を出している人は少なくないと思う。メールで済ます人が増えてきているが、中には年賀状を出さないとお客さんから「年賀状も届かないのか」と注意されると言っていた人もいた。

僕自身も年賀状は否定的だった。年賀状を出すという人に対して、「出す目的はなんですか?」と聞いていた。形式だからと言って出すのはナンセンスである。年賀状にしても出すなら、相談の問い合わせが入るなり、会う約束であったり、感動してもらうことであったり、何か目的がなければいけない。

プリント印刷した年賀状を送っても、感動どころか、読まれることもなく、記憶にすらたいして残らない。

じゃということで一人ひとりにメッセージを書いても、年賀状は美容院や仕事関係などいろんな店から届くだけでなく、友人からも届くため、一言メッセージを書くぐらいでは、効果は期待できない。

年賀状のように他からも届くタイミングでわざわざ埋もれるのであれば、クリスマスにクリスマスカードと年賀状を一緒に送った方が埋もれることも少ないと、どうしても年賀状を送りたいという人には提案をしてきた。

しかし、今年、ある代理店から届いた年賀状には衝撃を受けた。去年の研修で２０２０年物語を書くという課題を実施した。その際に書いた２０２０年物語が年賀状に書かれていたのだ。まさに夢がテーマとなっている年賀状だ。

この年賀状を見た時は感動を覚えた。年賀状一つ取っても、プリントしただけのものと、メッセージが書かれているものと比較しても、ここまで差が出るのかと驚いた。

２０２０年物語とは、２０１５年から２０２０年までの未来について、どうなっているのか、絵のようにハッキリと見えるように未来の物語を書くというものである。

それは願望であり決意である。それをお客さんに年賀状として送るということは、勇気がいることである。しかし、あなたの決意や覚悟が、お客さんや仲間に伝わる。その勇気に感動する。

自らの決意を伝える時として、昨年のお礼と、新年の挨拶を伝える年賀状と重ねるのは最高のタイミングだと言える。

絞り込みの戦略で1番になる

これからは集客に困る人と困らない人に、より一層分かれてくる。集客に困らない人というのは、あなたの考えに共感してくれる人を増やす人と、あなたに頼めば安心だと信頼される人だ。

信頼されるという観点で考えれば1番になることである。人は人気ランキング1位や、売れ筋1番のように1番に信頼感を感じる。

対象を絞り込むことや、業種を絞り込むことで個人でも1番を取ろうと思えば取れる。1番を取る方法は、会社員や主婦など一般の個人を対象にする場合と、企業やオーナーなど特定の業種の人を対象にする場合とがある。

個人を対象にやっていく場合は、地域や客層を絞り込む。地域を絞り込むことは現実的ではないので客層を絞り込む方がいい。僕の友人のようにある企業の社員に絞り込んだり、高校時代の同級生に絞り込んだり、複数の対象を持って、シェアを上げていくのがいい。これは一つの対象に絞り込むと、活動量が少なくなるからである。僕の友人は、ある企業の社員のシェアを上げているが、日々相談があるわけではない。だからといって毎日、その企業に訪問すれば、避けられるだろう。そうすると、一つだけに絞ると、やることがなく、成績も上がらないということになる。5つから8つ程度、同じように対象を決めて持っておくと、毎日行動することも出てくる。

一方、法人やオーナーを対象にする場合は、業種と地域とで絞り込めばいい。

業種の絞り込み方は、得意な業種、顧客が多い業種、マーケットのある業種から決める。マーケットのある業種とは、稼ぐために地域の中で対象となる企業の数があるかどうかだ。なければ地域を広げていくという手もあるが、個人なら、一人分ぐらいのマーケットならどの業種を選んでも十分あるため、マーケットについてはそれほど考えなくてもいい。

業種を絞る理由は、業界に詳しくなることで、経営者やオーナーと対等に会話ができるようになるからだ。

経営者やオーナーにとって保険は決算や更新の時以外は関心度は高くない。当然、決算や更新の時は競争が激しい。

経営者やオーナーにとって関心が高いのは売上に関すること、人に関すること、そして資金に関することだ。人と資金については業種によって違いは少ないが、売上に関しては、ビジネスモデルが業界によって違う。経営者やオーナーと対等に話すには、最低でも業界のビジネスモデルを知らなければならない。できれば、その業界の成功事例や成功企業を知って、情報提供やアドバイスができるようになれば、抱えている課題が分かってくる。

保険についてだけ詳しい人よりも、自分の事業についても詳しい人から話を聞きたいと思うのは当然だ。その業界のキャッシュフローや資金繰り、法律について詳しくなければ、将来に向けた本当に最適な提案をするのは難しいはずである。

例えば、マーケットをドクターに絞り込んだ場合、医院が求めるものとして情報誌やメルマガを発行している人もいると思うが、相手が欲しいような情報でなければ効果は薄い。お客さんへのメンテナンスや見込客への接触頻度だからと発行している人もいるが、それではもったいない。お客さんのことを考えると、相手が求める情報を提供していかないといけない。

医院が求める情報としてモデル医院の紹介がある。他の医院がどういう運営をしているのかという情報は気になる情報だからだ。契約をしてもらっている医院だけでなく、契約をもらっていない医院へ取材の依頼をするといい。保険の話だと時間がないと言われることも、医療業界のためならと協力をしてくれる医院もある。

ここでもどうして医院向けの情報誌を発行するのかという、大義名分が必要であることは言うまでもない。情熱を持って語ることで、その想いに共感してくれる院長や事務局長が協力してくれるようになる。

数多くいる保険を販売する人の中でも、医療業界に詳しい保険のセールスパーソンなら1番になることができる。

日本で1番ということが難しくても、地域で1番、市で1番と業種だけでなく、地域を絞り込んでいけば、必ず1番になれる。

会員組織の中でサービスを提供する

得意な業種も契約の多い業種もない。また、これから始めるという場合はどうすればいいのか。

あなたが貢献したいと思う業種があるのであれば、その業種に絞り込んだらいいが、何となくという程度なら、会員制を構築するという手もある。自分コミュニティは個人を対象とし、あなたの考えやライフスタイルを発信していくといったイメージだが、ここでいう会員制とは、経営者・オーナーの視点でつくられたコミュニティのことである。

経営者・オーナーの悩みは売上、人、金と大きな項目で捉えれば同じである。これが、主婦となれば、子どもの年齢やライフスタイルによって悩みはなかなか絞り切れない。

本当は業種を特化した方がいいのだが、まず、幅広く経営を知ってから絞り込むというやり方もある。

経営者・オーナーも自分と同じ業界での成功モデル、パターンを知りたいというニーズがあることはもちろんだが、他の業界の成功モデルやパターン、流行についてなど、周辺の情報を知りたいというニーズもあるからである。

そこで、事業家に絞り込んだ会員サービスという商品をつくるという発想ができてくる。ドクターに絞り込んだ時のように、事業家向けの情報誌というコンテンツを中心として、会員の経営者を集めた経営者セミナーや、社員の福利厚生の一つとして「お金の勉強会」といったセミナーを年に一度無料で申し込むことができるようなサービスをつくっていくというやり方が考えられる。

業種を絞り込まない会員組織を運営するコツは、どういう会員組織なのか、目的を明確にすることだ。会員組織の目的が明確なら、コンテンツに磨きをかけることができるが、表面的なやり方だと、内容がぼやけてしまい、情報誌にしても内容が読み手に刺さらなくなる。

同業者や異業種でも同じようなことをやる企業が出てきたことを想定してやるといい。そうすればサービスの向上や細かなこだわりが出てくる。

いくつか事例を掲載しているが、これからは何をやるかではなく、どう取り組むかが大切になる時代である。想いやこだわりがなく、カタチだけ真似てもうまくいかず、長く続かない。真剣にこだわっている人には勝てないからである。

第八章　戦略的セールス

成果を上げるための仕組みづくりのポイント

個人の営業の限界

モノ余りの時代では、商品を購入するかどうかはサービスが重要な要素になってくる。それも、できれば個別対応のサービスが望ましい。

以前、ある社長に勧めてもらい、あるブランドの靴を購入した。根本的な僕の考えは、消耗品は安いものでいいという考えである。なので、高級な靴を買うという考えは持ってなかったのがだが、そのブランドの考え方とサービスに共感してしまった。

そのブランドの靴は、靴底が磨り減ったら修理をしてくれるだけでなく、クリームなどメンテナンスも持っていけばいつでもやってくれる。さらに靴の色を変えることもできるという。話を聞いていてこれは半永久的に履けるなと思った。1年か2年で買い替える靴もいいが、履きやすい靴を何十年も履けるならと思い購入したのだ。

商品やサービスには基本機能と付加機能がある。基本機能とは、お客さんからすれば、やってくれて当たり前だと思うものであり、付加機能とは、基本機能にはない、お客さんからすれば、理想的にあったらいいと思う共感や感動するものである。

靴も基本機能だけを見ると、1万円の靴も10万円の靴も同じである。なにも10万円の靴を買うことはない。基本機能に関してはお腹いっぱいで満足なわけだから付加機能をどうつくるかを考える必要がある。これは靴だけでなく、ブランド品も同様である。ストーリーやこだわりがあるものが売れる。

保険も同じで商品を売ろうとすると難しい。保険という商品は価格も保障内容もどこで加入しても同じだからである。あなたを選ぶ理由がない。保険の場合の基本機能は、約款どおりの支払い面だけでなく、対応スピードや情報提供も含まれるだろう。

僕からすれば、保険金だけでなく、何かあれば素早く対応してくれることや、定期的に情報を提供してもらうことは当たり前だという認識がある。

全国を見渡すと、どの商売もサービスのレベルが高くなっているので、お客さんが満足するレベルも高くなっている。お客さんから見て、当たり前の基本機能はしっかりと対応できるようにしなければならない。

その上で付加機能となるサービスがあればいい。保険という商品は未来や夢に関係しているので、未来や夢に焦点を充てたサービスは共感を得やすい。

付加機能となるサービスは、無料ではなく有料でやるべきだ。なぜかと言えば、無料でできることには限界があるからだ。何でも無料がいいのかと言えば、お客さんは有料でも欲しいものなら有料でも欲しいと思う。逆に無料でも要らないものは要らないのだ。

売上に直接結びつかないけど、お客さんが求めるサービスであれば、有料でも売れる。無料でないと売れないのであれば、それはサービス内容がまだまだと捉えた方がいい。サービスを強化すると労力が増えることになる。有料にすることで、人を採用することはできるが、一人ではこなせなくなる。

事業をしている人は、お客さんを増やすには人も増員しなければならない。サービスの競争となる以上、一人できめ細かなサービスを提供し続けることは契約が増えれば無理になる。他社のサービスがあなたのサービスよりもよければお客さんは離れていく。

一人ひとりに対して個別対応でサービスを提供していくには、個人で事業をしている人なら組織化が必要ということになるし、会社員なら会社を上手に使うことだ。

契約を獲得することと、契約を獲得した後に、お客さんが満足し続けるかは別である。

表面的提携の衰退

契約を獲得し続けるためにも契約後のフォローやサービスをどうするかが問われるだろう。お客さんのニーズは時代に応じて変化するが、その変化を見抜きサービスを提供し続けることで、必要とされ続ける存在となる。

そのために、会社員であれば会社のブランドやサポート体制など、会社を有効に活用することが大事だし、事業主であれば、人を増やし内製化していけることが、成功の鍵となる。

人を増やすということは、それに見合った売り上げが上っているということである。売上に見合わない人員増強は、首を絞めることになるので、やってはいけない。何事も最初の基礎部分が大切である。売上に見合う人を一人ずつ増やしていくといい。最初は焦らずに一人ずつでいい。この人と働きたい、この人と仕事をすれば楽しいと思う人を入れるといい。

人を入れる方法以外に提携という方法もある。今後は提携という方法が今以上にはやるのではないかとも思うが、提携には有効な提携と、そうでない提携がある。

言うまでもないが、口頭で提携と言っている表面的な提携に関しては、価値が少ない。そういう提携は仲良し倶楽部みたいなもので、もし、そういう人がいたら紹介するという計画も立たない状態だからだ。現に定期的な紹介はほぼなく、年間10件もいかないことが多い。

少し考えている人は、先に案件を紹介して、紹介を促したり、定期的にメールや情報誌を発送したりして、コンタクトを取りながら案件の発掘をしている。口頭で提携と言っているよりは紹介は出るが、ギブ＆テイクの発想なので、お互い首の締め合いになりかねない。

本業の集客がうまくいっている中で、紹介するのならいいが、本業の集客のために、紹介できるお客さんを集客するという方法でうまくいくはずがない。自分が持っている既契約のお客さんの中から、紹介先のニーズに合う人は掘り起こす力があれば、そもそも保険がもっと売れる。

提携というのは紹介することが目的ではなく、お客さんに対して、より付加価値の高いサービスを提供することが目的である。間違っている人は、提携はお客さんを紹介し合うものだと考えている。

サービスである以上は宣伝をしないと売れない。紹介先の会社案内を持ち合わせているレベルではいけない。共同でパンフレットやツールを作り、アプローチする際のトークを決め、数字目標まで一緒に立てるところまでやらないといけない。もちろん、お客さんの個人情報や報酬体系など、契約書類も必要となる。

僕の知っている人だと、共同でのチラシや同行営業など開拓の仕方まで定めている人もいるが、ここまでやって意味のある提携である。

真剣にお客さんのことを考えて提携している企業はビジネスモデルで提携していくため、表面的な提携とは内容が大きく違ってくる。

よくあるのが、税理士の先生との提携であるが、形だけの提携は税理士の先生の顧問先から節税などの相談があれば同席して提案するという程度である。中には所属していないにも関わらず税理士事務所の名刺を持って営業をしているような人もいるようだが、こういうやり方は淘汰される流れだろう。

本来ならば税理士の顧問契約のサービス内容に組みこまれていなければならない。それなら税理士事務所が自分でやりますよと言うのなら、もっと実力を付けなくてはいけない。相手の本業は記帳代行や税務全般なのだから、保険に関してはあなたの方が何倍も知識を身に付けられるはずである。保険は自分でやるよりも、あなたの力を借りた方が顧問先の満足度が断然高いと言わせるぐらいでないと提携はできない。要するに、自分の力以上の相手との提携は難しいのだ。

出口戦略を考える

仕組みというのは大企業だけの言葉ではない。小さな企業でも個人でも、成果を上げるための仕組みは持つべきだ。

成果を上げる仕組みとは、何を（ＷＨＡＴ）、どう（ＨＯＷ）、やれば、契約がどの程度取れるか分かっていることである。このコツを掴めれば、事業は拡大することができるが、このコツが掴めていないと、売上が読めないため、常に走り回っていなければならない。

仕組みの精度が高ければ高いほど、誰でもできる。あなたでなくてもできるということだ。未経験者でも成果が上がる仕組みをつくるべきである。

うちには仕組みがあるという人がいるが、聞いて見ると、仕組みとは言えないケースも少なくない。誰がやっても同じような成果が同じ時間で出るものが仕組みであり、仕組みの精度が高いか低いかは、他の人にやらせてみれば簡単に測定することができる。

どうして仕組みが必要かと言えば、一つはお客さんを守るためである。「あなたでないと、お客さんの対応ができない」となると、あなたは病気すらできないし、いつか必ず死ぬことは決まっているのだから、その際は他の人が引き継いでフォローし続けなければならない。また事業しているのなら、新規の契約をあなたのように取れるようにしておかなければ、事業が継続できなくなり、結果としてお客さんを守ることもできなくなる。

もう一つは自分の将来を守るためである。マンパワーで走り回って契約を取り続けるしか収入が安定しないなら、50歳を過ぎたあたりから将来に不安を感じるようになるだろう。

30代、40代は体力もあるので、接待もしながら、営業に邁進できるだろうが、年齢を重ねると体力は衰えてくる。30代の頃と同じ活動量をこなすのは不可能に近い。

スポーツ選手よりは寿命がだいぶ長いが、営業もスポーツ選手と思えばいい。プロ野球のピッチャーも若い頃は力でバッターを押さえられるが、30歳を過ぎれば球速は衰えてくる。

プロ野球選手の平均引退年齢は29歳だとテレビで観たことがあるが、30歳半ばでも活躍する選手は、力で勝負するのではなく投球術で勝負をしている。

営業も同じで力で成績を残す営業は、自分の足で開拓する営業であり、仕組みで成績を残す営業へと切り替えていかなければ、年を重ねるごとに、体力やＩＴシステムに自分が付いていけなくなる。

自分で開拓し続けなくても、お客さんが増え続ける仕組みはつくらなければいけないが、つくるべき時は、自分の営業力で契約が取れている絶頂の時と重なる。

そのため、50代を過ぎて、体力が衰え出し、時代の流れに対応できにくくなり、不安を感じ始めてから仕組みをつくろうとする人が多いが、タイミングとしては遅い。それは、今のあなたのやりかたが時代に合っていないものも出てきているし、働き盛りの20代、30代と話が合わないという問題も出てくるからである。

絶頂期に将来のことを考えない人もいるが、大半の人は、心のどこかで自分と同じことができる人をつくるのが嫌だという気持ちも持っている。自分のやり方が真似されることで、敵を作るのではないかという恐れと、あなただからできるという言葉が嬉しいので、自分でやっていきたいと思って50代になってしまうという人もいる。

営業なら誰でも一番になりたいという願望がある。褒め称えられること、特別に見られることは嬉しいので、誰でもできるより、自分しかできない方がいいとどこかで思っている。まずはこの価値観を変えなければ組織にはなれない。事業家なら組織は成長しないし、会社員ならマネジメント職で力が発揮できない。

営業力とは開拓する力だけを言うのではなく仕組みをつくる力も営業力である。仕組みをつくるということは0から1を作る力であり、1を10、100と拡大させる力である。

例えば、こちらから足を運んで営業するのではなく、興味のあるお客さんに手を上げてもらって営業する仕組みがつくれれば、営業はし易いし、興味のあるお客さんに提案するわけだから成約率も高い。

仕組みをつくる上で注意すべきことが二つある。

一つは信頼を築くために、赤字事業をすることでも、安請負や御用聞き営業をすることでもない。最初は赤字でも汗を流してでも、その結果、信頼関係ができて契約がもらえると考えて営業する人がいるが、これは仕組みとは言わない。行動した分、一定の効果があることは確かだが、活動量に見合う効果が出ないし、そんなにノンビリと信頼関係を築いていると時代に取り残されてしまう。

もう一つは、目先の利益を考えることが仕組みではない。仕組みとは継続的に長く成果が出ることである。入り口と出口、どちらが大切かと言えば出口である。仮に目先の利益が上がったとしても、継続的な利益にならないような仕組みでは意味がない。継続的な利益になるかどうかの見極めは、お客さんが喜んで継続するモデルかどうかである。

あなたが売るもの

これから何を売っていくのか？　日本を見れば、未婚者が増え、少子高齢化が進んでいる。保険商品としてみれば、このような時代にニーズが出てくる商品というのは、就業不能に対する保障、医療・介護に対する保障、資産形成ができる商品ということになるだろう。

これは、日本という市場を見れば分かることである。未婚者も一部親の介護費用など、扶養する人が要る場合は、収入保障のような商品が必要になるが、一般的に扶養する人がいないのだから万一のときの収入保障や高額な死亡保障は求められない。

一方で、働けなくなった際の保障や、大病をした際の保障というのは、公的保障だけでは不安だと思う人は備えたいと考えるし、将来の資産形成も国の年金だけでは不足すると考える人にはニーズが高くなる。

年齢や所得、家族構成だけでなく、時代によっても求められる商品は変わってくる。

あなたが商品を作る立場にある人なら、このような市場の変化に対応した商品を考えることが仕事である。しかし、あなたが商品を説いて広める営業なら、お客さんのニーズに合った商品を選んで提案することが仕事である。

しかし、商品を提案しようとすればするほどうまくいかない。それは商品が最後だからである。お客さんのニーズが先なのだ。

そして、ニーズを知る際に将来の不安に触れる人と希望に触れる人がいる。僕が色んな人を見てきた結果、不安に触れる人の中にも希望に触れる人の中にも優績者は存在する。

逆に不安にも希望にも触れない人、要はニーズを掴まずに商品を提案する人で優績者はいない。極端に言えば、ニーズさえ把握していれば、どんな商品でも売れる。

不安に触れる人の中にも、希望に触れる人の中にも、どちらにも優績者は存在するが、お客さんに困らない人、お客さんに恵まれる人は、希望に触れる人である。希望に触れる人の周りには楽しくて明るい人が多い。

僕は保険というのは「夢」に通じているという考えを持っている。

希望に触れるということは、個人なら、「行きたいところ、やりたいこと、欲しいもの」など叶えたい夢であるし、経営者も、「こういう会社にしたい、こういうことがしたい」というビジョンがある。

「夢」を共有することで、その夢を達成するために「お金」でできることを考えていけば、保険は売れる。保険とは「お金」の備えである。一人ひとりが人生で叶えたいことを叶えるために、「どうお金を貯めるか」ということ、仮に大病をしてしまったような場合には、一日でも早く治すために最高の治療を受けること、そのために「どうお金を備えるか」ということを保険という商品を通じて提案することになる。

もちろん、夢を叶えるためだけでなく最低限必要となる備えは必要である。

例えば、いつの日か亡くなった時の葬祭費や、養っていく人が要る場合には、その人が困らないようにする生活費などがある。しかし、これらを入り口として話すよりも夢や目標を共有した上で話をした方が話が盛り上がる。

保険は楽しいとかじゃなく、真剣に考えるべきだという人もいると思うが、どんな商品でも高額になればなるほど、お客さんは真剣に考える。夢や目標という希望を分かち合い、必要なものを真剣に考えた方が僕はいいと思っている。

実際に夢を分かち合おうとしても、夢がスラスラ出てこない人の方が多いものだ。壮大な夢が浮かばなくても、この一年で叶えたいことを聞くなり、お客さんに夢を持ってもらう仕事が保険である。そう考えれば、人生を売っているのかもしれない。

保険の営業に向いている人、素質がある人というのは、営業センスがある人ではない。自ら夢を持ち、夢を語れる人である。

未来設計をつくる

お客さんの未来に「お金」という部分で貢献する。そのために保険という商品を最大限に活用する。これが人生計画でありライフプランであるが、ここでは未来を設計するという意味で未来設計という。

あなたの設計が多くの人の人生に影響を与える。なぜかと言えば、人生において「お金」というものは切り離せないものだからだ。未来はどうなるか分からない。そのため、将来のことまで責任を負えないという人もいる。

しかし、誰だってそれは同じことである。だからこそ、売りっぱなしではなく、定期的に内容を確認できる関係を一人ひとりのお客さんと築いていくのである。ライフスタイルは変化するが、変化に合わせて最適な備えに切り替えていけばいい。お客さんと生涯、携わることができる商売は多くない。

どんな商売でも素晴らしい志と想いを持ってやっている人だけでなく、中には売れればいいという自分本位な気持ちでやっている人もいる。また、お客さんの利益と自分の利益のバランスで悩んでいる人もいるだろう。

商売はお客さんだけが良くても成り立たない。お客さんにも喜んでもらえて、あなたも喜べるものでなければならない。そのためには、何が必要で、どの備えも持ってもらうべきなのか考えを伝えなければならない。その考えを理解してくれる人が、増えていくことによって、仕事が楽しいものとなる。

あとは、よき仲間に恵まれれば最高である。よき仲間とはあなたがやろうとしていることに賛同してくれる人である。

そういう仲間に恵まれるためにも、まず自分の未来設計をつくってみよう。どういう人生にしたいのか、叶えたいことを10個でも100個でも書き出してみよう。描いた未来に自分自身がワクワクするだろうか。そして、今、ワクワクしているだろうか。

未来がワクワクするには、今がワクワクしていなければいけない。たとえ、今なにか問題を抱えていたとしても、調子が良くなくても、強引にでも楽しさに目を向ける必要がある。

営業の成績がよくなくても、落ち込んでないで、どうすればよくなるか、楽しく考えて実行してみる。それでもうまくいかないなら、さらに楽しく考えて、また実行してみる。これを楽しそうに繰り返していれば、応援してくれる人や協力してくれる人は出てくる。

お客さんに夢や目標を聞くだけでなく、あなたの夢や目標も話し、お互いが語り合い、応援し合う関係を、あなた個人だけでなく、組織でつくることで、保険だけでなく、想いも継承し続けることができる。

おわりに

本書をお読み頂いてありがとうございます。本書を書くにあたって、営業の流行を書いた本ではなく、普遍的に効果がでる営業の原理原則を書きたいと思って執筆を始めました。

原理原則は書くとシンプルなもので、精神論や机上論として受け取られがちになります。そこで、私個人の経験や体験を盛り込むことで、原理原則でありながら、実際に応用して頂きやすい内容になっているはずです。

これからの営業は気合いや精神論ではどうにもならない時代になるように思います。それはＩＴの進化だけでなく、企業も属人的なセールスから組織型のセールスに舵を切っているからです。日本の人口もついに減少に転じました。人口が増えていた時代ではマーケットも人口の増加分は増えていたと言えますが、これからは日本人マーケットは減少していくことになります。マーケットが成熟し、かつ縮小する時代で個人で結果を出し続けることは容易なことではありません。このような時代にこそ、流行を追い掛けた営業のＨＯＷＴＯ本より、原理原則である、成果の出る営業論の本が営業パーソンのお役に立てるのではないかと思っています。

本書を通じて、あなたの営業の成果が飛躍的に高まり、それによって一人でも多くのお客様を幸せにして頂けることを、心から願っています。

最後になりましたが、本書の出版にあたってご協力いただいた近藤太香巳社長、本多巨樹社長、尾形幸弘社長、内田達雄社長、編集に際してご尽力いただいた新日本保険新聞社の見玉純さん、本当にありがとうございます。感謝しています。

菜原敏彰

著者紹介

桒原 敏彰…くわはら・としあき

株式会社船井総合研究所 チーフ経営コンサルタント

1980 年大阪生まれ。船井総合研究所に入社後は保険業界のコンサルタントとして保険会社、保険代理店、ＦＰ事務所の経営指導、営業指導をしている。組織体制、営業研修、マーケティングまで一貫したコンサルティングを行い、これまで経営のアドバイスをした企業は 500 社を超える。主な著書に『保険業界で成長し続けるための８つの戦略』（新日本保険新聞社）、『あなたの保険は大丈夫？』（ダイヤモンド社）がある。Facebook の申請は桑原敏彰で検索して下さい。

<お問い合わせ先>
株式会社船井総合研究所 0120-958-270（平日 09:00～18:00）

誰もがなれるトップセールスへの道

2017 年 2 月 28 日　初版発行　　定価（本体 1,343 円＋税）

著 者　桒 原 敏 彰
編 集　見 玉　純
発行者　今 井 進次郎

発行所　**株式会社 新日本保険新聞社**
〒550-0004 大阪市西区靭本町 1-5-15
ＴＥＬ06-6225-0550（代表）
ＦＡＸ06-6225-0551（専用）
ホームページ　http://www.shinnihon-ins.co.jp/

ISBN978-4-905451-63-1　印刷・株式会社廣済堂
大阪府豊中市螢池西町 2 丁目 2-1